Martina Bortignon

Margen, espejo
Poesía chilena y marginalidad
social
(1983-2009)

ISBN: 1-930744-77-3
© Serie Premio *Revista Iberoamericana* mejor tesis, 2016
INSTITUTO INTERNACIONAL DE
LITERATURA IBEROAMERICANA
Universidad de Pittsburgh
1312 Cathedral of Learning
Pittsburgh, PA 15260
(412) 624-5246 • (412) 624-0829 FAX
iili@pitt.edu • www.iilionline.org

Colaboraron con la preparación de este libro:

Composición y diseño gráfico: Erika Arredondo
Correctores: Luis Jaime Aiza Tello, Pía Gutiérrez y Rodolfo Ortiz
Ilustración de la tapa: M. Bortignon, "Orompello IV" – detalle.

Índice

Introducción 7

I. Marginalidad y margen

1. Marginalidad y margen como significantes performativos ... 15

2. ¿Definir al sujeto marginal? 18
   Superfluos y funcionales 18
   Arianda y Daniela 20
   Los rasgos pertinentes 21

3. ¿A quién revela la palabra "marginalidad"? 23
   Lo abyecto y la heterotopía 24
   El excitante escalofrío del deseo 27
   Los intelectuales y el margen 30

4. El diálogo entre marginalidad y contexto cultural 31
   Las ciencias sociales 31
   El discurso cultural. Cuerpos rotos en márgenes insurrectos 35
   El éxito cultural de las minorías y la perspectiva subalterna ... 37
   La era biopolítica 42

5. Cómo decir el decir del marginal 44
   "No son ellos, soy yo" 47

II. La década del 80:
El margen como resistencia y contaminación

1. Una superposición problemática 53
   Una marginalidad performada 54

2. *Zonas de peligro*, de Tomás Harris: la intensidad testimonial .. 59
   La testificación "deíctica oblicua" 61
   Tres voces 64
   El visionario 65
   El yo personal: "el poeta" y "el oscuro" 68
   El parroquiano 71
   El poder contaminante del cuerpo prostituido 74
   Las palabras también sangran 77

3. *Lumpérica*, de Diamela Eltit: la mostración performática 79
   Los vagabundos posan 81
   El cerco de las miradas 83
   Una mirada que contamina y pervierte 84
   El lector frente a la performance: de espectador a vicario 86
   Mostración del cuerpo del texto y del cuerpo del autor 89
   La performace identitaria: lo múltiple y lo neutro 92
   La neutralidad como ejercicio actoral 95

III. La década del 90:
El distanciamiento crítico de la mirada

1. Una visibilización disonante 101

2. *Metales pesados*, de Yanko González: la visibilización performática de las tribus urbanas 107
   La enunciación estratificada y acústica del poema antropológico 109
   El antropólogo-poeta y su otro bárbaro 114
   Los vaivenes de la violencia 120

3. *La insidia del sol sobre las cosas* y *Calas*, de Germán Carrasco:
   la mirada insólita del *flâneur-voyeur* 124
   El *flâneur* montajista 125
   La mirada erotizada: campos largos y planos fijos 128
   La mirada-montaje 132
   Montajes entre poemas: la mancha o errata 135
   La caricia y la voz 137
   La caricia visual y la caricia vocal 140

IV. La década del 2000: Ambivalencia de un término vaciado

1. Entre lo concreto y lo simbólico 145
   Un margen polimorfo: hacia la des-identificación 147

2. *Gran Avenida* y *Aire quemado*, de Gladys González: la estilización de una marginalidad rebelde 152
   La (im)postura de la coincidencia arte-vida 154
   Poética, cuerpo, ciudad 158
   Huellas de un asesinato 160
   (Des)identificación con el barrio 161
   Jugar con el voyerismo del lector 163

3. *Compro fierro*, de Juan Carreño: transpirar lo que se ve 166
   El desvanecimiento de la instancia escritural en un entorno de sinsentido 168
   Hormigas masticando una jaiva 169
   Una boca vaciada para hablar 170
   Intensidad, interrupción, discursos lanzados 173
   Disparar discursos al aire 176
   Relámpagos alucinados 177

Conclusiones 181

Bibliografía 189

Introducción

En la introducción a su obra *La vida de los hombres infames*, publicada en 1977, Michel Foucault confiesa que seleccionó los retratos de sujetos de vida oscura e infortunada (asesinos, delincuentes, prostitutas, dementes atrapados en las redes del poder jurídico) según le dictaba "[su] propio goce, [su] placer, una emoción, la risa, la sorpresa, un particular escalofrío" (121). Si en su momento fue el "haz de luz" del poder lo que arrancó esas existencias "de la noche en la que habrían podido [...] permanecer" (124), entregándolas a los registros judiciales y administrativos, ahora es el interés investigativo del estudioso-coleccionista lo que las sustrae al olvido del tiempo y las lleva a la página impresa. Reclamando al lector a su lado a través del pronombre "nosotros", Foucault reconoce entonces cómo el objetivo de su investigación es que "del choque producido entre esos relatos y esas vidas, sur[ja] para nosotros todavía hoy un extraño efecto, mezcla de belleza y de espanto" (123).

Tres décadas más tarde, en 2007, el dramaturgo chileno Luis Barrales trabaja en la escritura de la obra teatral *H.P.*, inspirada en un hecho de crónica negra acaecido el año anterior: en un vertedero de la periferia de Santiago aparecen los restos del cuerpo bárbaramente descuartizado de un joven, Hans Pozo, quien era drogadicto, presentaba antecedentes policiales por hurto y robo y se prostituía. Durante el trabajo de montaje del texto de la obra, el autor y los actores se miden con la esterilidad y la arrogancia de pretender "elaborar un discurso sobre la marginalidad desde la marginalidad" y con la "imposibilidad empírica" de que los artistas, "miembros de la pequeña burguesía" (Barrales 57), abandonen su posición enunciativa privilegiada. Por consiguiente, Barrales decide poner el énfasis en el sujeto creador y sus inquietudes frente a la marginalidad social, la cual va adquiriendo así "una sospechosa familiaridad" (59).

Tanto Foucault como Barrales, en épocas, contextos y discursos diversos, exploran la marginalidad en tanto fenómeno cultural que pone al descubierto al sujeto de la representación al igual que a su objeto: se interrogan frente a ella como frente a un espejo. En otras palabras, son conscientes del hecho de que el contacto entre la posición enunciativa del artista o del intelectual y la realidad marginal representada –enunciada– refleja el orden simbólico que los contiene a ambos.

Interpretando las inquietudes planteadas por estos dos ejemplos, el presente libro pretende explorar la poetización de la marginalidad social en Chile en las décadas del 80, 90 y 2000, sin dar por sentada la posición del sujeto productor y consumidor de los discursos sobre la marginalidad sino problematizándola e integrándola en el horizonte crítico. La lectura aquí propuesta de las obras de Thomás Harris, Diamela Eltit, Yanko González, Germán Carrasco, Galdys González y Juan Carreño permitirá dar cuenta de cómo estos poemarios logran iluminar los lados oscuros, inconfesables o demasiado evidentes del relato colectivo con el cual una sociedad accede a la comprensión de sí misma, postulando una distinción entre un centro y un margen.

De hecho, como se irá precisando a lo largo del libro, la categoría de marginalidad implica mucho más que la mera descripción de las consecuencias de una desigualdad económico-social. Conjugándose, y a veces confundiéndose, con otro término de raíz común, el de "margen", la marginalidad adquiere un rol sintáctico que organiza el espacio simbólico de la representación y la auto-percepción de la comunidad en su conjunto. Por otra parte, la marginalidad conforma un significante cultural en diálogo con los discursos de su tiempo –políticos, mediáticos, artísticos, entre otros– adquiriendo un peso y un alcance que transgreden los límites de su propio ámbito

Margen, espejo. Poesía chilena y marginalidad social

de referencia. La marginalidad se transforma, así, en una categoría absolutamente vital y productiva en el entramado de la cultura.

El primer capítulo del libro discute la problemática de la marginalidad a partir de los dos aspectos recién mencionados. En un primer momento, se interrogarán las inversiones libidinales y las proyecciones fantasmáticas que una sociedad asocia a los conceptos de marginalidad y margen en un período histórico dado. Éstas expresan la necesidad antropológica de fijar una distinción entre un centro que se propone/impone como modelo de identificación y unos márgenes hacia los cuales son empujados elementos perturbadores o abyectos. Muchas veces, en tal fracción ex-céntrica del cuerpo social se condensan sentimientos colectivos diversos: la rebelión contra el *status quo*, la empatía y la solidaridad, el miedo a la caída, el sentimiento de culpa y el prurito voyeurístico, entre otros.

En un segundo momento, se realizará un recorrido diacrónico a través de las teorizaciones del concepto de marginalidad por parte de las ciencias sociales desde los años 60 en adelante y, por otro lado, de las formas con que el significante "marginalidad" se pone en una fértil tensión con los discursos culturales, las disciplinas académicas, las declaraciones políticas y las manifestaciones artísticas, en las décadas en que se subdivide el período considerado. Se obtendrá, de esta forma, un panorama de referencia con respecto al cual se evaluarán las creaciones poéticas seleccionadas.

Al tener por objeto un fenómeno que, a pesar de participar del orden del discurso también lo excede hacia la dimensión de lo real, los textos poéticos necesariamente se abren a la voz y a la presencia de un sujeto que habla desde una posición que puede ser radicalmente otra con respecto al lugar enunciativo del autor. Esto se evidencia en el texto literario a través de la grieta que une y divide a la vez la subjetividad que enuncia el poema y las subjetividades a las cuales pueden ser atribuidas las frases que aparecen en él. Por lo tanto, la conciencia creadora tiene que enfrentarse con el problema de cómo resolver la circulación de las voces y de las representaciones. Para entender cómo el autor resuelve este reto creativo, el primer capítulo se completa con una reflexión sobre el enfoque enunciativo, instrumento útil tanto para dimensionar el esfuerzo de la (re) producción de hablas ajenas en el decir del poema como para la interpretación del sentido de los textos poéticos.

A esta primera parte de meditación teórica y cultural sigue la lectura crítica de las obras poéticas. Las fechas de publicación del primero y del último de los poemarios, 1983 y 2009, encuentran una interesante correspondencia con sucesos político-sociales que vale la pena señalar para comprender a cabalidad la relación entre producción literaria y contexto. El 11 de mayo de 1983 es convocada la primera jornada de protesta nacional; pronto seguirán muchas más. Las obras de Tomás Harris y Diamela Eltit son, por ende, publicadas en el marco de una voluntad popular de reacción al abuso de la dictadura, lo que constituye un dato interesante para su interpretación tomando en cuenta el horizonte de recepción. El 13 de diciembre de 2009, en cambio, se concluye la experiencia de veinte años de gobierno de la Concertación, ya que el candidato derechista Sebastián Piñera gana la primera vuelta presidencial, para luego recibir el mando de la República con la segunda victoria, el 17 de enero de 2010. El período considerado abarca, por lo tanto, la segunda fase de la dictadura, denominada constitucional; la transición democrática; finalmente, la gestión política de los gobiernos de izquierda y centro que han intentado superar la herencia de la dictadura y han acompañado al país en el tercer milenio.

El segundo capítulo, titulado "La década del 80: el margen como resistencia y contaminación", se centra en *Lumpérica* (1983), de Diamela Eltit, obra que excede cualquier adscripción a un género literario específico y que aquí consideraremos desde el punto de vista poético, y *Zonas de peligro* (1985), de Tomás Harris. En estas dos obras se propone una coincidencia del sujeto de la enunciación, y de la comunidad nacional que en él se refleja, con el sujeto marginal; sin embargo, este solapamiento es problemático y parcial, ya que al ser marginal le es negada la facultad de la palabra. La posibilidad de

Margen, espejo. Poesía chilena y marginalidad social

expresarse es recuperada en el nivel de los síntomas y de los rastros de exudaciones orgánicas con que los personajes de los poemas ensucian la cara blanqueada del régimen dictatorial e instalan la imborrable huella de su testificación.

El siguiente capítulo, "La década del 90: el distanciamiento crítico de la mirada", considera los poemarios *Metales pesados* (1998), de Yanko González, y *La insidia del sol sobre las cosas* (1998) y *Calas* (2001), de Germán Carrasco. En la recién recuperada democracia, cuando la necesidad de paz social tiende a resolver la posible conflictividad política de las categorías discriminadas en la oferta multicultural de las minorías, los poetas desarticulan la mirada pública sobre la marginalidad proponiendo un retrato displicente, agresivo y rebelde de ésta (González), o negando la supuesta línea divisoria entre ciudadanos "centrales" y "marginales" a través del voyeurismo erotizado y deslumbrado de un *flâneur* (Carrasco).

El capítulo final, titulado "La década del 2000: ambivalencias de un término vaciado", se concentra en *Gran Avenida* (2004) y *Aire quemado* (2009), de Gladys González, y *Compro fierro* (2008), de Juan Carreño. Ambos autores, en el contexto de la dimensión homogeneizadora de la lógica biopolítica contemporánea, pero también del surgimiento de sensibilidades específicas atribuibles a grupos sociales acotados, escogen una perspectiva cuidadosamente situada en la periferia urbana. De allí lanzan la provocación de una marginalidad aprovechada en sus resonancias simbólicas a nivel de imaginario colectivo, pero vaciada en términos de la relación entre el sujeto y una verdad identitaria predeterminada.

El objetivo del libro es, entonces, investigar cómo los poetas hacen de la marginalidad un espejo, en cuyo reflejo se encuentran reunidos también los lectores y los críticos. Los sujetos marginales, a pesar de ser el fulcro de la representación, constituyen inevitablemente la presencia sustraída, la vocalidad sólo indirectamente interpelada, que expone en sí las investiduras simbólicas y fantasmáticas colectivas que transitan hacia el significante de la marginalidad. De allí el título de este trabajo, "Margen, espejo": una visión de la marginalidad como superficie reflectante en la cual somos llamados a asomarnos —y cuestionarnos— nosotros, críticos y lectores.

I. Marginalidad y margen

1. Marginalidad y margen como significantes performativos

En la crítica literaria publicada a partir de los años 80 hasta bien entrados los 2000, es común encontrar términos como "marginalidad", "margen", "lo marginal" o "los marginales", toda vez que el tema del artículo o libro se refiere a situaciones y figuras que parecen diferenciarse del conjunto social y de su norma por el hecho de colocarse en una intemperie existencial y/o material. Estas expresiones, lejos de ser neutras, son construcciones discursivas que se cargan de connotaciones simbólicas, ideológicas e incluso libidinales. Podemos decir, siguiendo a Judith Butler, que "marginalidad" y "margen" caben dentro de la categoría de los significantes performativos. A diferencia del significante descriptivo, que representa un estado de cosas previamente dado hacia el cual ejerce una función de indicación transparente, el significante performativo es un término que instituye en el dominio del discurso el objeto al cual se refiere a través del proceso mismo de la nominación. Esta particularidad conlleva, como consecuencia, un doble movimiento. Por una parte, el referente se aleja hacia el dominio de lo real, testimoniando así la constitutiva des-identificación que anima el acto discursivo, a saber la lejanía entre signo y referente. Por la otra, esta misma incapacidad del significante performativo de representar acabadamente el objeto que nombra lo convierte en un signo vacío, disponible para "cargarse de investiduras fantasmáticas de diversa índole" (Butler 272).

La falla o discontinuidad que, de esta forma, se abre entre referente y significante permite que las más diversas instancias simbólicas e ieológicas se apropien de la palabra "marginalidad". En este punto, precisamente, intervienen los discursos artísticos, políticos y sociales con su poder de representación, construyendo y modificando continuamente el imaginario relativo a determinados referentes. La crítica, en cambio, se encarga de comprender las inversiones fantasmáticas que tales discursos activan alrededor del significante en relación con el contexto histórico-cultural. En otras palabras, se hace necesario "determinar cómo el nombre estabiliza su significado mediante una serie de relaciones diferenciales con otros significantes dentro del discurso" (Butler 305), calculando el poder performativo del signo con base en la economía socio-ideológica en que opera. Al mismo tiempo, hay que dar cuenta de la carga deseante en tanto halo y memoria de la presencia sustraída de lo no simbolizable, la cual se expresa en emociones como, por ejemplo, deseo y angustia.

En consideración de lo anterior, dos son las perspectivas a partir de las cuales nos interrogaremos sobre los significantes performativos "marginalidad" y "margen". Un primer punto de vista desde el cual abordar los términos en objeto es el de la inversión libidinal. Según la argumentación de Butler, el significante performativo pone a su referente como "sitio de un deseo imposible" (305) para el sujeto. A saber, a través del significante performativo la sociedad deslinda unas zonas abyectas en contraposición con las cuales una identidad predominante se va refrendando. El término "marginalidad", por lo tanto, concentra sentimientos de deseo y temor que exceden la realidad del referente en sí. De esta forma, es posible cuestionarse hasta qué punto el interés por una situación de marginalidad social se debe solamente a motivaciones como el compromiso social, la denuncia de los incumplimientos por parte de los programas modernizadores, o la simple curiosidad o sensibilidad por los aspectos menos transitados de la realidad nacional.

La relación de los conceptos de "marginalidad" y "margen" con el contexto, y el cruce de estos conceptos con otros significantes culturales, procedentes tanto de las teorías académicas como de la crítica literaria, de las prácticas artísticas como de los discursos públicos, constituye la otra vertiente del problema. El término "marginalidad" debe ser considerado en su aparición, en un primer momento, como categoría teórica postulada por las ciencias sociales en América Latina para explicar un fenómeno social que en los años 60 y parte de los 70 adquiere visibilidad como problema. Una vez que los contenidos estrictamente sociológicos se desprenden de la palabra

Margen, espejo. Poesía chilena y marginalidad social

"marginalidad" y ésta se asienta en el imaginario interactuando con áreas del saber compatibles, el significante que la compone se abre a la posibilidad de encauzar otras instancias. La marginalidad se superpone simbólicamente al concepto de margen, para dar cabida a inquietudes que no necesariamente se agotan en la exclusión socio-económica sino que reflejan otro orden de problemáticas como, por ejemplo, la relación de los intelectuales y de los artistas con el poder.

Al combinar la vertiente libidinal con la vertiente discursiva, podremos explorar en qué medida las perspectivas —artísticas, críticas, científicas, culturales— según las cuales se da cuenta de una realidad muchas veces objetivada como "otra" y puesta en un lugar de-potenciado, hablan en realidad acerca del sujeto de la enunciación, de su ambiguo deseo de proyectarse —y su pavor de encontrarse— en el lugar de lo marginal. Por sujeto de la enunciación entendemos el sujeto que detiene el poder de la representación y coincide con el más amplio horizonte epistemológico dentro del cual, en una época dada, se inscriben necesariamente las obras literarias y los discursos culturales. El sentido implícito en este movimiento de proyección puede ser, para el sujeto que lo cumple, de diferente naturaleza: por ejemplo, el de testar que las fronteras simbólicas que dividen el cuerpo social sean permeables solo en un sentido, o el de romper los privilegios de su lugar de enunciación des-centrándolo y exponiéndolo a la intemperie, o, finalmente, el de intentar dar(se) cuenta de situaciones de inconcebible injusticia que postran al ser humano y de las estrategias de resistencia y creatividad de este último para compensarlas. En cualquier caso, se trata de una oscilación que vuelve al punto de partida, revelando más detalles sobre el sujeto de la representación que sobre su objeto, el marginal.

2. ¿Definir al sujeto marginal?

Sin ir más allá de lo que la palabra misma indica, "margen" y "marginalidad" implican una percepción del universo cultural como sistema atomístico: un sistema que, desde la perspectiva de la semiótica cultural de Lotman (*Semiótica*), resultaría compuesto por un núcleo y una periferia. En la palabra "definir", por otra parte, resuena la pretensión de establecer unas verdades sobre el objeto al cual se aplica el discurso. Quien define se apropia del poder enunciativo y se coloca en un centro desde el cual observa lo que para él se vuelve margen. Nos apropiaremos aquí de algunos de los conceptos clave con que, en el último cuarto del siglo pasado, la teoría y los discursos culturales han intentado "definir" la marginalidad. Estas categorías son de particular interés en nuestro estudio porque en ellas confluyen tanto la problemática enunciativa como la diferenciación entre un centro y una periferia implícita en la palabra marginalidad.

Superfluos y funcionales

Los adjetivos "superfluo" y "funcional" pertenecen a una veta más bien socio-económica de la problemática de la marginalidad; sin embargo, pueden iluminar también la perspectiva discursiva que nos ocupa. Estos dos adjetivos aparecen en un pasaje en que Foucault discute, en sus clases sobre el nacimiento de la biopolítica en el Collège de France, el impuesto negativo, una propuesta de inspiración neoliberal avanzada en la segunda mitad de los años 70 en Francia. Foucault llega a postular la creación de un umbral que regula el juego económico y, por lo tanto, los movimientos de los individuos al interior del cuerpo social. Por debajo del umbral quedarían aquellos que no se encuentran en la condición de proveer su propio sustento, y que por lo tanto recibirán una subvención

Margen, espejo. Poesía chilena y marginalidad social

mínima por parte del Estado, calibrada de forma que se sientan impulsados a cruzar nuevamente la línea, esta vez hacia arriba. La ventaja de esta división es que le evita al Estado la redistribución general de los ingresos y, sobre todo, procura un acervo de mano de obra de la cual se podrá sacar provecho cuando lo necesite la maquinaria económica, o bien a la cual se destinará la subvención mínima, manteniéndola fuera del mercado en momentos de menor crecimiento económico (Foucault, *Nascita* 172-74). El estudio de Foucault, aunque se refiere a un proyecto de regulación económica muy específico, logra captar la naturaleza sistémica de la articulación de la marginalidad con respecto al resto de la sociedad: determinados individuos y determinadas comunidades son instituidos como marginales por un centro que, para no poner en tela de juicio el *status quo* y mantener su integridad simbólica de núcleo dominante, necesita postular unos márgenes aprovechables o desechables, según la conveniencia.

La intuición foucaultiana de que "superfluo" y "funcional" no se excluyen mutuamente es de una actualidad inquietante. De hecho, los mismos términos y conceptos aparecen en las reflexiones de algunos estudiosos del caso chileno. El sociólogo Manuel Antonio Garretón argumenta que las formas de exclusión contemporánea se definen menos por una dinámica de subordinación y dominación que por una de "marginación y distanciamiento progresivo, de manera que los excluidos [...] simplemente no entran o sobran [en la sociedad]" (*Del postpinochetismo* 56). Según Garretón, las personas que se encuentran fuera del sistema son vistas como innecesarias y superfluas (*Incomplete Democracy* 86). También el crítico literario Cristián Opazo denuncia cómo los enclaves urbanos periféricos, caracterizados por la crónica ausencia de oportunidades más allá de las ofrecidas por una economía informal y muchas veces ilegal-delincuencial, son "espacios producidos deliberadamente por la mismísima maquinaria tecnócrata" (78). En ellos, escribe Opazo, el aparataje neoliberal tolera que se realicen aquellas operaciones "excesivas que –aunque formalmente condenadas por la ley–

resultan imprescindibles para su funcionamiento y perpetuación" (78), tales como el narcotráfico, la prostitución masculina y femenina, el comercio de especies robadas.

Arianda y Daniela

Una segunda perspectiva desde la cual se ha abordado la definición de la marginalidad durante el último cuarto del siglo pasado es deudora de los estudios de subalternidad y encuentra en el ensayo de Gayatri Spivak de 1983, "Can the Subaltern Speak?", su momento fundador. Siguiendo a Spivak, el marginal, en analogía con el subalterno, sería quien no accede al dispositivo normalizado y dominante de la enunciación de forma estable y agenciada. El sujeto marginal corresponde a quien es "hablado" en vez de "hablar", bien sea por una violencia epistémica en su contra, por su rotunda negativa a pactar con el sistema discursivo generado por el centro o, incluso, por una deficiencia estructural de este mismo sistema que le impide captar circuitos discursivos que lo exceden. Como ejemplo de ello, podemos recordar un capítulo de un programa de la televisión nacional chilena: en junio de 2011, el recién estrenado programa "Fruto Prohibido" emitió un capítulo titulado "En los zapatos de un travesti", en que las invitadas, los travestis Arianda Sodi y Daniela Arraño, compartían sus historias de vida con el público. Mientras la primera se autodenominaba "transformista" y mantenía su identidad y género masculino fuera de su lugar de trabajo —espectáculos de entretenimiento en las discotecas de la capital–, la segunda trabajaba en la prostitución callejera. Las diferencias del grado de *glamour* y belleza y de los ambientes de procedencia laboral tuvieron como consecuencia que Arianda fuera percibida como totalmente compatible con el imaginario de la variada oferta de "frutos (ya no tan) prohibidos" de la sociedad chilena actual; Daniela, por el contrario, con su figura menos llamativa, con su historia de riesgo constante en las avenidas nocturnas y de discriminación en las calles diurnas, confirmó indirectamente el estereotipo del travesti marginal. Arianda fue sucesivamente integrada en el programa, durante un

Margen, espejo. Poesía chilena y marginalidad social

tiempo, como entrevistadora de otros vips, mientras Daniela, después de su fugaz aparición en la pantalla chica, volvió al anonimato. Además, el acceso al dispositivo enunciativo concedido a Arianda y Daniela por la televisión abierta era diferente y reflejaba el papel reservado a cada una de ellas en la dinámica discursiva. Arianda hablaba desde sus pliegues más personales, mientras su identidad constituía un accidente accesorio; Daniela tenía que contestar preguntas que apuntaban a definirla a partir de su origen y su profesión, de forma que ella acababa por representar, en el escenario del programa, casi un espécimen en vez de una individualidad.

Los rasgos pertinentes

Al definir la marginalidad, los discursos teórico-culturales son conscientes de que deben seleccionar un conjunto de características "pertinentes" para que una determinada situación se reconozca como marginal, confirmando así un estereotipo. Deleuze, al comentar el cine *underground* en su obra *La imagen-tiempo*, reflexiona sobre la teatralización y espectacularización de los cuerpos marginales y la compara con los preparativos para una ceremonia estereotipada. Rasgos como droga, prostitución, travestismo, resultan ser ingredientes "necesarios" a la configuración de una imaginada situación de marginalidad. De una forma parecida, como ya vimos en la Introducción, Foucault selecciona las desventuras más encarnizadas para su muestra de hombres infames: sus personaje tienen que ser oscuros, destinados a no dejar rastros, y conducir vidas grises y ordinarias de repente animadas por el exceso de la maldad, de la locura, de la violencia, de la bajeza. Podemos preguntarnos, junto con la estudiosa Rubí Carreño, si tal preferencia por considerar solo los lados más desventurados de un ser humano y de su condición, fijándolos como situación ontológica que caracterizaría permanentemente un determinado "tipo social", responde a una dinámica antropológica similar a la del *farmakós* —o víctima expiatoria– en la cultura griega antigua.[1] En el *farmakós* se trasferían características que representaban los lados sombríos y los problemas de la comunidad. En la actualidad, estigmatizar como "marginal" a un individuo que se encuentra en una circunstancia de desamparo existencial o psicológico, no solamente permite proveer una base ideológica para emprender políticas de tipo asistencial hacia él –en tanto lo vuelve un "asunto social o humanitario" por resolver–, sino también fundamenta el estereotipo de que la exclusión, la pobreza y la marginación, solo le ocurren a su "categoría". Como escribe Carreño, "[a]l desatender el marco violento más amplio, se los convierte [a los marginales, los pobres] en chivos expiatorios en los que se deposita la violencia, liberando de ella a las otras clases sociales que interpretan, representan, ignoran o simplemente se benefician de ese sistema violento" (86).

La incidencia de determinados factores provocados por la desigualdad socio-económica –como la disgregación del núcleo familiar, una educación carente, la pobreza, la falta de oportunidades, la adicción a drogas, las actividades ilegales– resulta exacerbada y asumida como característica de un estado de cosas. Esto permite trazar un umbral que separaría al sujeto que necesita postularse como agenciado e insertado en una red social normalizada, del sujeto más expuesto a los azares de la supervivencia o de una ocupación muy mal remunerada, desclasificada socialmente o ilegal. La marginalidad resulta ser, así, una construcción del imaginario antropológico, que así visibiliza en una parte de la sociedad las injusticias que fundamentan el sistema. Sobre el piso firme de una homogeneidad más imaginativo-discursiva que real, el resto de la sociedad edifica su sentido de cohesión interna, los promotores de la justicia social emprenden acciones de solidaridad y reivindican

---

[1] El rito del *farmakós* se refiere a la simbólica purificación anual de las ciudades en la Grecia Antigua, en el contexto de la cual una víctima designada, sobre la base de determinados rasgos físicos que la señalaban como inferior a los demás, era imaginariamente cargada con todos los males de la ciudad y alejada, con lanzamiento de piedras, del conjunto social. Con este significado, cfr. la comedia "Las Ranas" de Aristófanes.

un cambio del *status quo*, el gobierno decide si lanzar programas de inclusión económica o aprovechar un fácil blanco para fomentar la fobia al "terrorismo" y a la "delincuencia".

Podemos entonces decir que, más allá de las privaciones materiales, los estigmas sociales, las conductas ilegales, la funcionalidad y superfluidad sistémica o la falta de agencia enunciativa normalizada con que se podría "definir" al sujeto marginal, para el imaginario y los discursos que lo construyen no es fundamental la efectiva relación entre la palabra marginalidad y una situación correspondiente en la realidad. Mucho más importante es la posibilidad de postular unas figuras marginales para dar forma al universo social.

3. ¿A quién revela la palabra "marginalidad"?

Procuraremos ahora profundizar en algunas de las dinámicas de orden simbólico-libidinal que, según lo anteriormente planteado, están a la base de la estructuración de la sociedad en un centro y un margen. Los significantes performativos "marginalidad" y "margen", si los miramos desde el punto de vista del centro, se encuentran atravesados y connotados por emociones encontradas como rechazo, empatía, solidaridad, temor, voyeurismo y rebeldía, entre otras. Exploraremos algunas de ellas en relación con un texto crítico escrito en Chile en los años 2000, para demostrar a través de un ejemplo práctico cómo el discurso sobre la marginalidad no es neutro y en qué sentido el margen se puede convertir en espejo donde el centro acaba por verse también a sí mismo.

En 2002, Nelly Richard publica en su *Revista de Crítica Cultural* un artículo en el que comenta y discute el proyecto artístico de Juan Castillo en *Geometrías y misterio de barrio*. Según relata Richard, Castillo se instaló a vivir, durante cuatro meses, en un barrio de bajos recursos de la comuna Pedro Aguirre Cerda. Su proyecto de arte implicaba, entre otras acciones, grabar, a partir de entrevistas a algunos vecinos, el relato de sus sueños; documentar fotográficamente las habitaciones, la fachada de sus casas, sus objetos más queridos, y subir el registro resultante a una página Web; realizar una instalación-video en los ambientes de la Galería Metropolitana —una sala creada en el mismo barrio expresamente para el proyecto— con los retratos de los entrevistados; proyectar sus rostros por la noche en las paredes de un hospital que había quedado inconcluso y en donde se refugiaban ahora los vagabundos.

Lo abyecto y la heterotopía

En el artículo, emerge la necesidad antropológica de trazar límites entre lo que es admisible en el grupo social y lo que no lo es. Una fundacional dicotomía resulta instituida entre los habitantes del centro y del margen, sustentada en diferencias de vario orden, desde la escolarización hasta las aficiones o la afectividad. "[Los] cuerpos excursionistas" del centro (los visitadores de la Galería), en sus "exóticas visitas de turismo cultural" (Richard, "Las estéticas populares" 27) a la marginalidad del suburbio se enfrentan a los "cuerpos tan distintos y distantes en sus formaciones de gusto, en sus ritos culturales, en sus modulaciones de la sensibilidad" (27) de los habitantes del barrio. La potencial confluencia entre las dos posiciones es percibida como infecciosa; si estos "dos idiomas", que "cohabitan pasajeramente sin conocerse ni reconocerse" (27) en la normalidad, encuentran en el arte un punto de convergencia, solo logran producir "promiscuidad" (28). El sujeto marginal, por su parte, ocupa el lugar del "misteri[o]" (34), impreciso y oscuro: vive en los "márgenes —imprecisos— de la ciudad" (27), "[se] procur[a] un espacio donde ejercer alguna ocupación" (26-27), se expresa a través de "hablas difuminadas, de relatos inconexos, de erráticas partículas de sentido" (34). El arte queda especificado con el artículo determinativo, pero su campo de aplicación, sin embargo, no goza de la misma prerrogativa: "invitar el arte de galería a cruzarse con espacios y tiempos urbanos cuyas revolturas son impredecibles" (28). El marginal, además, es feminizado, potencialmente victimizado: "las vidas de la comuna [...] no se sintieron agredidas por la brusquedad de una mirada intrusa, violadora, que se hubiese saltado los protocolos básicos de la confianza" (26). El arte conceptual contemporáneo queda iluminado así, por contraste, como poderoso, masculino y claramente determinado.

Según lo deja entender el tono retórico del artículo, en la necesidad misma de dejar bien sentadas tales distinciones se manifestaría el malestar generado en el sujeto productor del discurso por su convivencia con algo percibido como perturbador y peligrosamente cercano, que necesita por lo tanto ser clasificado a través de una serie de registros y puesto a cierta distancia en la objetivación artística. El término y el concepto de marginalidad funcionan, aquí, como instrumentos capaces de introducir un orden en un sistema. Podemos entender mejor esta propiedad "sintáctica" de la marginalidad a la luz de los conceptos de lo abyecto y de la heterotopía.

Según el análisis que hace Kristeva en *Poderes del horror: ensayo sobre la abyección*, lo abyecto constituye el desecho producido por la represión primaria, o forclusión, que funda el acceso del sujeto al lenguaje y a la interacción social. Lo abyecto es lo que ha sido repudiado pero sigue habitando el universo psíquico como amenaza constante de una posible disolución de la integridad del sujeto. Efectivamente, "abyecto" deriva de la palabra latina *abjectio* y designa algo arrojado afuera que sin embargo nunca logra desprenderse del todo. A nivel antropológico, este mecanismo se traduce en la necesidad, por parte de los grupos humanos, de marcar el límite preciso entre la cultura y el mundo amenazante de la animalidad. A partir de lo abyecto se instituye una serie de barreras que definen, por defecto, lo que se puede considerar cultura.

Judith Butler, por su parte, en *Cuerpos que importan* desarrolla de la siguiente forma el enunciado kristeviano:

> Esta matriz excluyente mediante la cual se forman los sujetos requiere, pues, la producción simultánea de una esfera de seres abyectos, de aquellos que no son "sujetos", pero que forman el exterior constitutivo del campo de los sujetos. Lo abyecto designa aquí precisamente aquellas zonas "invivibles", "inhabitables" de la vida social que, sin embargo, están densamente pobladas por quienes no gozan de la jerarquía de los sujetos, pero cuya condición de vivir bajo el signo de lo "invivible" es necesaria para circunscribir la esfera de los sujetos. Esta zona de inhabitabilidad constituirá el límite que define el terreno del sujeto; constituirá ese sitio de identificaciones temidas contras las cuales —y en virtud de las cuales— el terreno del sujeto circunscribirá su propia pretensión a la autonomía y a la vida. (19-20)

La dinámica de la abyección responde, por lo tanto, a un intento de la cultura dominante por auto-ratificarse y auto-fortalecerse, expurgando hacia sus márgenes todo lo que no es aceptable por ser perturbador e irracional. Si, como postula Said, "la seguridad, la confianza, el sentido de la mayoría, toda la matriz de significados que asociamos con 'hogar', pertenencia y comunidad" definen el adentro de la comunidad cultural, en el afuera se concentrarán, entonces, "la anarquía, lo culturalmente desautorizado, aquellos elementos que se oponen a la cultura y al Estado, en pocas palabras, la gente sin hogar" (23-24).

Sin embargo, lo abyecto es destinado a volver tarde o temprano al cuerpo social que lo ha producido y alejado. El exterior abyecto, en otras palabras, siendo "interior" a la sociedad en tanto repudio fundacional, le devolverá a ésta su reflejo. Foucault bautiza como "heterotopías" a los lugares en que se desarrollan acciones o viven personas que se desvían de la norma impuesta por la sociedad (prisiones, periferias, clínicas psiquiátricas, hospicios para ancianos, etc.), y sugiere que podrían considerarse como un espejo de ésta. A partir de la imagen que el espejo devuelve a quien se mira en él se produce un efecto de retorno, de forma tal que el sujeto se reconstruye y se reconoce: se descubre constituido, desde siempre y para siempre, de lo que pensaba haber eliminado (Foucault, *Utopie* 11).

Margen, espejo. Poesía chilena y marginalidad social

La vertiente abyecta y heterotópica de la marginalidad explicaría fenómenos sociales como el de la prostitución, en tanto ejercicio de aquellas funciones sexuales que excede el protocolo sexual de la familia patriarcal. Por ejemplo, como anota Cristián Opazo, en el cuerpo de los adolescentes que se prostituyen en las calles de la periferia urbana, los individuos integrados y normados buscan consumir aquellas fantasías que el sistema neoliberal sugiere a través de los afiches que exhiben a modelos púberes en jeans Calvin Klein desabrochados, pero niega rotundamente, desde su puritanismo heterosexual, que se realicen en su interior (80).

El excitante escalofrío del deseo

La marginalidad puede ser considerada también como un significante que gatilla dinámicas libidinales en el hipotético lector, el crítico y el autor mismo, provocando en ellos emociones encontradas como atracción o temor. En su artículo, Nelly Richard empieza a describir el proyecto artístico de Castillo con las siguientes palabras: "[p]rimero, el barrio: su comunalidad de viviencias y callejeos" (26). El barrio es objeto de deseo y añoranza, desde luego, por algo que el sujeto productor y consumidor de la representación ha perdido y cree encontrar entre la gente de los barrios populares: el sentido de comunidad y la posibilidad de vivir las calles. En el comentario crítico se evidencia el afán por lanzarse hacia una aventura extemporánea en medio de una marginalidad de contornos borrosos y casi románticos: "lanzarse a la aventura de nuevos tráficos de sociabilidad artística volados hacia los márgenes –imprecisos– de la ciudad" (27), "lo popular [...] desata fantasías de marginalidad bohemia" (28). El artista, de hecho, es presentado como un etnólogo hipermoderno que exhibe su superioridad tecnológica recurriendo a los soportes digitales y mediáticos ("Web", "la pantalla electrónica", "instalación-video" (28), proyecciones nocturnas de gran formato), pero que no renuncia a la clásica observación participante. De hecho, "se instal[a] a vivir" (28) con los comuneros, obediente al típico protocolo antropológico que prescribe que el etnólogo se sumerja por un tiempo en las mismas condiciones de vida del grupo humano estudiado. También los métodos usados en la realización artística coinciden curiosamente con los de la investigación etnográfica: "entrevistar", "grabar", "documentar" (28). La consigna es no dejar nada por registrar, en una operación que es retóricamente presentada como si fuera un allanamiento: "documentar fotográficamente el adentro y el afuera de sus casas (y también sus objetos más queridos)" (28). Al mismo tiempo, la mirada que se dirige a la marginalidad parece guiada por cierto voyeurismo, ya que hurga en la intimidad de los habitantes del barrio, e incluso por algo de fetichismo, al detenerse específicamente en los objetos más queridos. En otras palabras, la operación de registro de los interiores y las fachadas de las casas, que transmite cierto matiz de violencia en la óptica de la separación entre cuerpo normado y cuerpo abyecto analizada más arriba, se ve teñida de un placer voyeurístico ambiguo desde el punto de vista del deseo.

Como clave de lectura de este fenómeno, podemos recordar la experiencia de la fotógrafa Diane Arbus tal como la interpreta Susan Sontag en *Sobre la fotografía*. La artista estadounidense se dedicó a retratar los seres más miserables y grotescos, comunicando una mezcla de desapego e intensidad que frena cualquier recepción compasiva por parte del observador. Sontag subraya cómo esta estrategia formal denota una *naïveté* que es de alguna manera siniestra, por basarse en la distancia del privilegio de quien mira. Sin embargo, la fotógrafa parece desear sumergirse en este mundo percibido como ajeno, justamente con el fin de violar su propia inocencia, de forzarse a cruzar un límite hacia un territorio en que su sentimiento de estar a salvo sea puesto en duda. Si bien la experiencia de Arbus es peculiar, y probablemente exacerbada por factores ligados a su biografía y a su contexto, permite iluminar, por exceso, la ambigüedad con que se alternan, en la psicología de un hipotético lector o autor, el deseo de descubrimiento y fusión con el sujeto marginal y el miedo a la "caída". En el ir y venir de la imaginación de un extremo a otro del segmento que une las dos

Margen, espejo. Poesía chilena y marginalidad social

esferas vivenciales —puestas ideológicamente en las antípodas por la misma dinámica que instituye la dicotomía estudiada anteriormente— la ficción literaria permite experimentar el placer, algo culpable, de una proyección fantasmática que nunca acaba de sobreponerse completamente a su blanco. Podemos especular que el sujeto que crea o lee la representación de la marginalidad desde una posición socio-económica relativamente privilegiada simula encontrarse en el lugar del sujeto marginal, instituido como su *otro*, en el espejo de la heterotopía, y experimenta el estremecimiento de que esta posibilidad se concrete. La lejanía creada artificialmente por la ideología se desmorona, abriéndole paso al llamado de una proximidad invasiva, candente. Sin embargo, el posible desenlace trágico en las huellas del Rey Lear —quien se despoja de su yo y se entrega a su humanidad desnuda, junto con los súbditos más humildes y desdichados— nunca llega, y el sujeto vuelve a experimentar el alivio del retorno a su condición originaria de privilegio.[2]

A esto se añade el placer indiscreto de la mirada voyeurística que hurga en la intimidad ajena y de alguna forma la fetichiza. Si el fenómeno del fetichismo se puede definir como "la trayectoria de una idea fija o *noumen* en busca de su gemelo materialista (dios a ídolo, trabajo enajenado a objeto de lujo, falo a zapato)" (Epps 69), en el acercamiento libidinal del sujeto a la vivencia o a la zona marginal se puede leer al trasluz a una transferencia de fantasías de lo abstracto a lo concreto. Por ejemplo, podemos imaginar que el sujeto privilegiado, mientras paga su seguridad con el hecho de someterse dócilmente a las normas, fetichiza en un correspondiente sujeto marginal sus ambiciones frustradas de rechazo u oposición al orden, al cual nunca osaría desobedecer directamente. Transfiere, por lo tanto, a otra posición subjetiva el papel subversivo, mientras su complicidad con el sistema no se ve afectada, ni él tiene que medirse concretamente con las reales y a menudo duras dinámicas de esos contextos.

---

[2] Sobre el "complejo del Rey Lear", cfr. Marshall Berman, *Todo lo sólido se desvanece en el aire. La experiencia de la modernidad* (2006).

Los intelectuales y el margen

Una manifestación específica del tipo de relación recién comentado es la simbiosis que puede instaurarse entre los intelectuales y los artistas con el margen. Como atestigua el proyecto artístico revisado en el artículo de Richard, el barrio marginal tiene que proveer "[un] contradiscurso [...que] logre formular una crítica política de la economía metropolitana del arte de galerías" (28), "efectos de extrañamiento (cortocircuitos, desfases, interferencias) en el paisaje archicodificado del arte metropolitano de las galerías nacionales" (28), "la potencia extraviante de las impropiedades y las descolocaciones" (29). En otras palabras, el interés por las capas más desprotegidas de la sociedad se transforma, para el sistema artístico y crítico, en un ejercicio de auto-conocimiento y auto-reflexión: "una ocasión para que el arte investigue su propia zona de tumultos y beligerancias" (28). Es importante destacar esta transferencia de potenciales desde la esfera de la marginalidad a la esfera del arte y de la crítica, porque ilumina los procesos de inversión fantasmática y simbólica por parte de estas últimas en el concepto de margen.

Tanto a nivel internacional como en el contexto propiamente chileno, en las últimas décadas se ha asistido a un descentramiento —simbólico— del lugar enunciativo reservado al intelectual hacia unos márgenes que parecen citar, por lo menos funcionalmente, la marginalidad social en su contraposición sintáctica al centro. Por ejemplo, en los años 90 y desde la academia norteamericana, John Beverley problematiza así la convergencia y la identificación entre equilibrios académicos y temas relativos a la marginalidad: "Parece ser que era necesario, para establecer nuestra identidad 'subalterna', producir una diferencia u otredad con respecto a los estudios culturales —en otras palabras, quizás estábamos reproduciendo en nuestra propia constitución la oposición dominante/subalterno que pretendíamos estudiar" ("Estudios culturales" 50)—. En el Chile de la misma década, la escritora Diamela Eltit declara, en una entrevista, que el desprestigio de los intelectuales se debe a que el contexto socio-económico y una política culturalmente simplificadora no prevén espacios para que se pueda dar un diálogo de cierta envergadura. Esto implica que "el pensamiento cultural está en un gran foco de marginación, porque hay dos cuestiones: una, la cultural *light* hegemónica, y dos, los discursos oficiales. En ese marco, todos los discursos de interrogación están marginados, consciente o inconscientemente" (Zeran 15). Sin embargo, el intelectual puede hacer de esta marginación su punto de fuerza, su postura enunciativa, escogiendo localizaciones oblicuas, alternas. Concluye Eltit: "prefiero estar en otro lugar para poder interrogar" (15). Lo que estos ejemplos indican es la posibilidad de leer, a trasluz de las alianzas simbólicas del escritor o del crítico con los sujetos híbridos y discriminados de los márgenes del sistema, su tentativa de marcar una nueva forma de hacerse reconocible, un nuevo ascendente en la lógica económico-social que lo ha privado de su papel prominente de antaño.

4. El diálogo entre marginalidad y contexto cultural

Complementa esta primera vertiente –más teórica y sincrónica– del estudio del concepto de marginalidad, la preocupación por averiguar cómo tal categoría crítica ha sido efectivamente transformada, en las décadas de interés del libro, por la interacción con otros discursos culturales. Revisaremos en un primer momento el emerger del término y concepto de marginalidad en las ciencias sociales y, en un segundo momento, su posterior diálogo con corrientes culturales y teorías críticas que de alguna forma hacen referencia a situaciones marginales.

Las ciencias sociales

El término "marginalidad" se acuña en América Latina a finales de la década del 50 para describir un fenómeno social que se manifiesta con dimensiones exponenciales en las grandes urbes del continente desde la pos-guerra en adelante: la concentración de enclaves de pobreza –llamados poblaciones, villas, callampas, favelas o cantegriles según el país de pertenencia– en la periferia de las grandes ciudades. En los años 60 y parte de los 70, las ciencias sociales, a través de organismos de investigación como CEPAL y DESAL, se preocupan por teorizar el problema. Primero, lo atribuyen al desarrollo insuficiente del sistema económico del país el que, con un adecuado impulso, supuestamente acabaría por absorber el excedente de pobreza; luego, verifican la proporcionalidad directa entre el crecimiento de los sectores más avanzados y el atraso de los sectores más débiles, es decir, el enriquecimiento de unos pocos gracias a la exclusión de la mayoría. La discusión de la problemática en América Latina se vincula directamente con el debate sobre la modernización, en el marco más general de las teorías de la dependencia que buscan resituar al continente en el mapa mundial, con respecto a Europa y sobre todo a Estados Unidos, y en el contexto, más reducido, del proyecto-país de cada Estado. En otras palabras, por una parte, la marginalidad es un medio conceptual a través del cual la comunidad nacional reflexiona sobre su ser y sobre su deber ser; por la otra, la solución al problema de la marginalidad constituye un reto más en el camino hacia la modernización, la integración, el desarrollo humano y económico, que cada Estado intenta llevar adelante a través de la sucesión, a menudo trágica, de contrastantes modelos societarios.

En Chile de los años 60, la perspectiva sobre la condición marginal que se propaga más exitosamente al imaginario está condensada en el ensayo de Roger Vekemans *La marginalidad en América Latina: un ensayo de conceptualización*. El autor propone una idea del individuo marginal como un ser humano completamente separado del resto del cuerpo social, caracterizado por deficiencias intrínsecas e incapaz de organizarse en una estructura social y de protagonizar una revolución. Según Vekemans, "[los marginales] están, en el límite matemático, 'sin ser', pues no se encuentran en el campo, que los expulsa, ni en la ciudad, que no los acoge: no

Margen, espejo. Poesía chilena y marginalidad social

pertenecen al sector primario ni al secundario, no son nadie, no hacen más que estar, poblar un pedazo de tierra, que es tierra de nadie" (43-44). Esta marginalidad radical define al sujeto que la padece como un *otro* no asimilable que se distribuye en la base de la pirámide del poder, "aplastado y casi 'saliéndose de la figura', tal es su aislamiento" (87). En resumen, el imaginario retendrá, del debate teórico de los años 60 en Chile, sobre todo la idea de una otredad humana abyecta, que sin embargo contiene *in nuce* la promesa de una postura crítica y contradictoria con respecto al orden imperante.

En la década siguiente, empieza a difundirse la idea de que "los pretendidos 'marginales' están integrados a la cultura urbana, aunque en formas que resultan en buena parte desventajosas para ellos" (Sabatini 65). De esto deriva el postulado de que la marginalidad absoluta no existe, que se trata más bien de un problema multidimensional. Según esta propuesta, el marginal se relacionaría de forma parcial con el sistema económico-social de ocupación laboral y de regulación de consumos (bienes y servicios), y con el desempeño de ciertos papeles relevantes en la escena pública (elección) y privada (roles familiares). Además, se señalaría por su divergencia con respecto a los patrones identitarios impuestos por el centro (normas, valores, actitudes); toma cuerpo la idea de que el orden social, aparentemente natural, es en realidad naturalizado y, por ende, no todo el conjunto social acepta someterse a sus normas (Germani). En los 70, por lo tanto, la idea de fondo es que la marginalidad no es una realidad dada y casi ontológica sino el producto de un proyecto de modernidad normativo y excluyente que, debido a las iniciativas económicas de inspiración neoliberal tomadas en dictadura y a la represión de la resistencia en las poblaciones, agrava aún más las desigualdades sociales. Se refuerza, paralelamente, la identificación del margen con un proyecto vivencial y normativo alterno al emanado del centro.

Posteriormente, el término "marginalidad" no parece responder satisfactoriamente a los nuevos esquemas interpretativos de la realidad social a la cual se refiere, y se deja de usar. En ciencias sociales, en vez de la noción de marginalidad se ocuparán las definiciones de, respectivamente, "pobreza" (años 80), "exclusión" (años 90), "desigualdad" y "vulnerabilidad" (años 2000). A partir de pesquisas y estudios más complejos, situados y transdisciplinarios, se descubre que la marginalidad es una porosidad que afecta a todo el cuerpo social, y que por lo tanto ya no se puede hablar de un margen opuesto al centro sino de situaciones parciales, transversales y difusas de exclusión (Garretón, *Incomplete Democracy* 86). A partir de los años 80 se difunde, además, la idea de que la marginalidad puede ser el resultado de una elección más o menos consciente, esto es, de una conducta que rompe con la norma y crea un estigma, conllevando una reacción social negativa: la dependencia del alcohol y de las drogas, una vida desordenada que rompe los moldes del "buen comportamiento".

La vaguedad de los límites del fenómeno se debe, entre otros factores, al influjo de la globalización y a las políticas económicas introducidas por la dictadura y nunca contradichas por los gobiernos democráticos. En Chile, la cultura del individualismo, del consumo y del crédito, penetra en todos los estratos sociales ya desde mediados de los 80, a pesar de que sigan existiendo importantes desequilibrios en la distribución de la riqueza que no permiten un real poder adquisitivo para los sujetos económicamente penalizados. De hecho, la misma pobreza urbana ha ido evolucionando desde una dimensión cuantitativa a una dimensión cualitativa (del objetivo de tener cubiertas las necesidades básicas a la ambición de poseer ciertos *status symbol*), y ya no se deja circunscribir a espacios alternos y delimitados sino que se dispersa, nómada, en la urbe. Se registra la persistencia, sin embargo, de ciertos estigmas territoriales, en una polarización que divide los barrios cerrados y las comunidades ecológicas, reservados a los ricos, de las poblaciones percibidas como violentas y peligrosas, en las que la gente se hacina en habitaciones precarias y no accede a los servicios de forma adecuada (Wacquant). Se habla en este caso de "segregación ambiental", en lo que atañe a la política de la vivienda, el acceso a servicios y bienes, la subdivisión

Margen, espejo. Poesía chilena y marginalidad social

simbólica de los diferentes espacios urbanos. El objetivo implícito es contener a los pobres en sus estrechos límites e impedir que su amenaza potencial trascienda a otros sectores sociales y urbanos, fortaleciendo las fronteras que separan la pobreza del resto de la sociedad.

El discurso cultural. Cuerpos rotos en márgenes insurrectos

Frente a la mirada de las ciencias sociales, que se preocupan más bien por asir el referente socio-económico de la marginalidad, los diferentes discursos culturales —disciplinas académicas, prácticas artísticas, teorías culturales y declaraciones públicas de los gobernantes— que dialogan con el significante de la marginalidad aprovechan el excedente simbólico de tal concepto. En la década del 80, en un panorama dominado primero por una espesa capa de silencio, traumatizado o cómplice, frente a la dictadura pinochetista y luego por los destellos de una rebelión creciente que lleva a las personas a protestar en la calle, el arte y la literatura encuentran en el margen la clave enunciativa y el espacio simbólico de identificación. Como propone la crítica y poeta Eugenia Brito, "[d]esde ese lugar 'marginal', lo que la nueva literatura tratará de hacer consiste en recomponer un orden simbólico otro, lo que pasa por supuesto por la transgresión de la ley vigente" (*Campos minados* 16). La corriente que, mejor que otras, representa esta postura, es un movimiento de corte neovanguardista, integrado por escritores, artistas plásticos, críticos y filósofos, que la crítica de origen francés Nelly Richard bautiza "Escena de Avanzada" y canoniza en su famoso y discutido ensayo *Márgenes e instituciones* (1987). Los proyectos artísticos que surgen en dicha corriente procesan, en palabras de la misma Richard, "la desposesión [de la dictadura] a través de un alfabeto de la sobrevivencia: un alfabeto de huellas a reciclar mediante precarias economías del trozo y de la traza" (*La insubordinación de los signos* 14). Lo intersticial, lo fragmentario, lo ambiguo, lo marginal, lo heterogéneo constituyen, en efecto, las categorías estéticas —y en consecuencia ético-política– del movimiento. Según Richard, la Escena de Avanzada rescata al margen de su ser "el resultado pasivo de un mero efecto de condicionalidad social" (*La estratificación de los márgenes* 13), y lo vuelve estéticamente productivo "como práctica de los bordes y como simbólica de lo fronterizo, que se realzan en las figuras descentradas de un imaginario nómada (social, estético, sexual, nacional) rebelde a las sedentarizaciones de poder y amante de la deriva" (27). La compulsión hacia los bordes, que empuja a los artistas a recorrer "las zonas de dolor, de crimen, de locura, de venta sexual: hospitales, hospicios, asilos, cárceles y prostíbulos; las plazas, las fuentes de soda y los baños públicos; las carreteras de entrada y salida a la ciudad y los sitios eriazos" (Muñoz cit. en Richard, *La insubordinación de los signos* 29), en busca de una humanidad marginada, responde a la necesidad de encontrar una metonimia para la contingencia histórica y una línea de fuga de la misma.

Por ejemplo, en la acción "Para no morir de hambre en el arte", el Grupo CADA[3] hace entrega de cientos de cartones de medio litro de leche, de allendista memoria, a los pobladores pobres de la periferia de Santiago, para que, luego del consumo, éstos devuelvan los envases que un conjunto de artistas transformará en objetos artísticos. De alguna forma, en la búsqueda de un destinatario marginal que participe en la *performance*, se puede leer la proyección fantasmática, por parte del arte, de un reducto de resistencia vital al poder en los márgenes de la urbe. En otras palabras, el margen social está encargado de encarnar el potente símbolo de la (necesidad de) vida –metáfora de la libertad institucional y de expresión que ha sido robada a la colectividad– a través de la consumición del alimento materno.

---

[3] El grupo CADA (Colectivo de Acciones de Arte, fundado en 1979) es uno de los protagonistas de la Escena de Avanzada. Se dedica, entre finales de los años 70 y principios de los 80, a una serie de *performances* artísticas que se insertan oblicuamente en el tejido urbano e institucional. La acción de arte referida pone en relación lugares tan alejados en el espacio –simbólico y real– como la Academia de Bellas Artes, la sede de las Naciones Unidas y unas poblaciones periféricas de Santiago a través de una red de *performances* e intervenciones artísticas de diverso orden.

Vale la pena mencionar que, en los mismos años, la crítica académica utiliza el adjetivo "marginal", aunque en su dimensión más bien simbólica, para posicionar América Latina en la cultura y la política mundial. Richard denuncia cómo la facilidad en el uso de un vocabulario tan rico en términos como "menor", "fragmentario", "descentrado", esconde el riesgo, para la crítica latinoamericana, de alinearse irreflexivamente a los dictámenes de un centro posmoderno que, a pesar de las metáforas de la explosión y la desjerarquización, seguiría funcionando como fuente del discurso internacional. Según Richard, habría que desconfiar de la tentación de situar la "diferencia" latinoamericana en un margen por fin dignificado como principio proliferante de la nueva lógica cultural. La preocupación, típica de los 80, por configurar el peculiar carácter de América Latina entre modernidad y posmodernidad, encuentra así en el margen una respuesta, pero tiene que mantenerlo siempre, para ser creíble, en su zona de inestabilidad, de provocación. Desde una postura crítica que ha trasformado el margen (incluso el socio-económico) en su arma simbólica y enunciativa, Nelly Richard inaugura el período democrático con una profecía que no tardará en cumplirse: la de una instalación complacida, en el discurso cultural, de "la neo-oficialidad de una cierta topografía del margen" (*La estratificación* 35).

El éxito cultural de las minorías y la perspectiva subalterna

La década de los 90, de hecho, se abre bajo las consignas de una transición política, dirigida por una coalición de partidos de centro-izquierda, que minimice los riesgos en el camino hacia la democracia, instituida formalmente el 11 de marzo de 1990. El pavor a una nueva crisis política empuja a las fuerzas de la Concertación a actuar evitando los choques de fuerzas ideológicas que habían polarizado el país en el pasado. En otras palabras, la política del compromiso y de los acuerdos pragmáticos obliga a la diversidad a no volverse contradicción, oposición, impugnación. Más que con factores económicos y políticos, el desarrollo integrado de la sociedad es puesto en relación con el fomento de la cultura y de la educación a la tolerancia: "[s]i se hace cultura en serio, se abre espacio a las ideas, se dan oportunidades reales de tolerancia hacia lo distinto, lo diverso, lo plural. Eso es democracia" (Foxley 180). Por lo que se refiere específicamente a los grupos marginales, la acción socio-educativa se concentra en potenciar su acceso a la cultura con vistas a "la integración social y el desarrollo de las identidades locales" (11).

En consecuencia, las reivindicaciones por parte de sujetos discriminados y marginados son atraídas hacia el espacio cultural. Como subraya el crítico Javier Pinedo, el lenguaje ideológico de los 90 se caracteriza por representar

> [...] una postura más cultural, en el sentido de no asociarla, como en los 60, con partidos políticos. Esta reflexión, ahora, se mantiene en un ámbito propio, autónomo a la política [...], sin esperar cambios inmediatos, como no sea la pura denuncia por la exigencia de una mayor presencia en el ámbito cultural. (109-10)

Además de moverse en la atmósfera más liviana y conciliadora de la cultura, los sujetos marginales encuentran en la identificación con un género y una etnia su opción de visibilidad en la arena pública. Animados por una creciente sensibilidad a nivel internacional, ellos descubren, en la particularidad y en la especificidad de un rasgo que asumen como motivo de discriminación, la clave para señalarse frente a la comunidad nacional. Se empieza a hablar entonces de minorías sexuales, de travestismo, de pueblos originarios: lo que pocos años antes era visto con la sospecha reservada a lo "desviado" y a lo no asimilable, pasa a integrar la variada carta del banquete de la democracia neoliberal. Como bien interpreta la crítica Francine Masiello:

> [...] si, por un lado, la subversión de las identidades fijas logra poner en duda las prácticas dominantes y exclusivistas, por el otro, la proliferación de las diferencias también satisface las necesidades del estado democrático, en señal de su tolerancia. Un arma de doble filo, la presencia minoritaria así beneficia al régimen neoliberal a pesar de su voz opositora. (211)

Las identidades de la "diferencia" y las escrituras literarias o críticas que hacen hincapié en ellas circulan como moneda de cambio del pluralismo del mundo globalizado, multicultural y tolerante, en el que lo políticamente correcto se ha vuelto de moda. Los reflejos de esta postura se notan inmediatamente en la industria cultural y más específicamente en la editorial. El concepto "nicho de mercado" es de trascendental importancia, como anota Luis Cárcamo-Huechante, a la hora de posicionar una obra con respecto a su público, que en el caso de las temáticas relacionadas con las minorías sexuales y étnicas busca los temas potencialmente tabú, lo reprimido, lo híbrido, lo subversivo. Según señala el crítico, un ejemplo preclaro de esto son las crónicas urbanas de Pedro Lemebel, que se han intentado limitar al nicho de "literatura gay" y a un público "alternativo" y crítico hacia el sistema, pero que desbordan tales membretes y alcanzan los circuitos y los lectores más diversos (*Tramas*). El mismo Lemebel, quien en sus escritos viste de sensualidad neobarroca las situaciones de marginación de los pobladores de la periferia, de los homosexuales pobres y de los jóvenes sin perspectivas, desconfía del membrete de "marginal" impuesto a su literatura. En su opinión, ocupar la palabra "margen" es reiterar la segregación, condimentándola —y fetichizándola— con el encanto por lo diferente, por lo "otro". La marginalidad carga con una "encerrona de poder, te dan el espacio para que digas lo que quieras pero solo desde un lugar puntual" y se convierte en "una chapa, una cruz que le imponen a tus letras. Se reúne bajo ese nombre, un poco para darle el gusto a cierta burguesía que consume estos desechos" (Rodríguez 8).

El uso del significante de la marginalidad como una suerte de marca registrada se expande a las corrientes teóricas de la academia nacional e internacional. Por una parte, se asienta en los 90 la vertiente —abierta años antes por las teorizaciones de Gilles Deleuze y Félix Guattari y relanzada por autores como el poeta argentino Néstor Perlongher— que exalta las microprácticas de deseo, las líneas de fuga, las identidades en tránsito, los devenires minoritarios, haciendo hincapié en la "práctica corporal [de] la marginalización, la segregación y sobre todo la diferenciación", común a homosexuales, travestis, drogadictos, sadomasoquistas, prostitutas, como nudo crucial hacia la "salida del 'deber ser' imperante" (Perlongher 16).

Esta sensibilidad encuentra su correspondiente académico en los ya mencionados estudios culturales, más específicamente en la crítica cultural chilena, y en los estudios subalternos. La primera veta crítica es protagonizada por Nelly Richard, quien con su publicación *Revista de Crítica Cultural* y varios libros más se impone como una de las intelectuales de punta del Chile de los 90. En su *Residuos y metáforas*, esta intelectual investiga las zonas de tensión, en el Chile de la transición, en las que se recogen los significantes omitidos o descartados por el triunfalismo de la razón democrática. Objeto de su estudio es, por lo tanto, "lo que no recibe una definición precisa, una explicación segura, una clasificación estable", "lo dejado de lado por los relatos de autoridad y sus narraciones hegemónicas (lo rebajado, lo devaluado, lo subrepresentado por ellas)", "basuras, restos, sobras, desperdicios: lo que exhibe marcas de inutilidad física o deterioro vital; lo que permanece como fragmento arruinado de una totalidad desecha; lo que queda de un conjunto roto de pensamiento o existencia ya sin líneas de organicidad" (Richard, *Residuos y metáforas* 11, 79). En contra de la obliteración de las zonas de sombra del pasado y del presente, simbolizada por el iceberg que encarna la marca-país Chile en la Expo-Sevilla 1992,[4] Richard valora aquellos fenómenos culturales, obras artísticas o sucesos de crónica que apuntan a lo marginal, como las que se centran en los

---

[4] En el pabellón de Chile en la Exposición Universal de Sevilla 1992, las peculiaridades de Chile, desde la geografía hasta la comida, desde los recursos naturales hasta el carácter de su población, fueron condensadas en seis ideas claves y organizadas como secciones de un supermercado, en el que el visitante pudiera advertir la seducción de la mercadería y la sensación de una abundancia inabarcable y, a la vez, a su alcance. Al fondo de este recorrido se encontraba un colosal témpano capturado en la Antártica, transportado a través de miles de kilómetros de océano y finalmente instalado en uno de los lugares más cálidos de Europa, en una hazaña casi épica que conjugaba un sorpresivo objeto salvaje con la más actualizada tecnología para mantenerlo en su estado sólido. La idea de fondo que se pretendía proyectar a través de la instalación era la de un *partner* y un proveedor confiable para los inversionistas extranjeros, un país cuya recién recuperada democracia tenía que lucir estable y compacta en función de un desarrollo económico ya promisoriamente encaminado. Si hasta aquella fecha Chile se había señalado en el imaginario mundial como una tierra de asesinatos políticos y pobreza, la instalación en Sevilla apuntaba a descuadrar completamente estos prejuicios negativos y trocarlos con prejuicios positivos y el deseo de conocer más.

Margen, espejo. Poesía chilena y marginalidad social

discapacitados mentales indigentes del psiquiátrico de Putaendo o en los presos políticos en su rescate escenográfico de la cárcel de alta seguridad de Santiago. Tales significantes se opondrían, a través de su recurso a las marcas deseantes irregulares y a los rezagos de la modernización compulsiva, a la homogeneidad del mercado con su tiranía de lo simple y de lo glamuroso. Se trata, como se ve, de un ensalzamiento de lo marginal que contradice la posición más cautelosa de sus primeros libros.

En el plano internacional, los estudios de subalternidad representan la corriente teórica que dialoga con el concepto de marginalidad en los años 90. Surgidos en la academia norteamericana, aplican al campo latinoamericano las teorías formuladas por Ranajit Guha y el "The South Asian Subaltern Studies Collective", fundado en 1982. Como aclara John Beverley (*Subalternidad*), uno de sus representantes más destacados, los estudios de subalternidad se enfrentan con el dilema de la representación, en su doble dimensión epistemológica y ética. Sin embargo, eligen una postura más cautelosa y auto-crítica, que desconfía de la seducción del "hablar por" boca del subalterno y se concentra, más bien, en cómo el saber producido acerca de éste se encuentra estructurado por su ausencia. La opción ideológica de los estudios subalternos es entonces la de reconocer los límites del saber académico, cuya pretensión de conocimiento puede aproximarse al subalterno pero nunca fusionarse con él, y la de dejar abierto el vacío de esta fisura, interrogándolo con una mayor conciencia de la propia posición enunciativa, en vez de suturarlo forzosamente. En razón de tal cautela epistemológica, la reflexión resultante de los estudios subalternos tiende a volver sobre el mismo sujeto que la produce, evidenciando sus mismas lagunas de sombra y contradicción. Como precisa Gyan Prakash, otro intelectual integrante del colectivo de los estudios subalternos, la subalternidad puede entenderse como "una abstracción usada para identificar lo intratable que emerge dentro de un sistema dominante, [...] una otredad que resiste ser contenida" (62). El poder fracasaría en su intento por apropiarse de la presencia recalcitrante del subalterno, que lo habita desde dentro y sabotea sus categorías a través de empujes contrahegemónicos, justamente porque éste funciona como inconsciente del sistema.

Como se puede notar, en los discursos teóricos de los 90 no desaparece, con respecto a las dos décadas anteriores, la atribución de un papel disruptivo, contestatario y alterno, al sujeto que queda al margen de los beneficios del desarrollo económico y social. El subalterno o marginal es encargado de explicitar las críticas al sistema, pero sin poder articular su posición de forma agenciada y responsable. En el discurso crítico-teórico abundan, de hecho, las descripciones del marginal como fuerza libidinal solo parcialmente tratable y asimilable, como cuerpo enmudecido, como puro síntoma: posiciones que seguramente no lo aventajan en la arena de la representación del imaginario político, y no logran criticar de forma efectiva la mercantilización de la diferencia promovida por el gobierno neoliberal.

La era biopolítica

En la década del 2000, se observa una situación social en que, acompañando el despertar de la conciencia de una necesidad de cambio radical en el sistema,[5] aparece una penetración de la hipereconomía, obediente únicamente a los intereses de las multinacionales, en la regulación del trabajo e incluso de los deseos, mientras la política tradicional manifiesta una grave despreocupación por el interés de la población nacional, especialmente por el de las capas más débiles. Como argumenta Cristián Opazo (*Pedagogías*), si las nuevas generaciones imponen la pregunta por el sentido de la ciudadanía en la era "post-todo", pretendidamente a-nómica y a-ideológica, expresándose a través de la visibilización de un margen ya demasiado integrado al mercado como para querer

---

[5] Véanse los Foros Sociales Mundiales como el de Porto Alegre en 2001, o la "Revolución Pingüina" de los estudiantes secundarios chilenos, con sus reivindicaciones por una educación más equitativa, entre 2007 y 2008.

Margen, espejo. Poesía chilena y marginalidad social

mantenerse en los guetos de las periferias degradadas, la capacidad de regulación, por parte del sistema neoliberal, de los recursos físicos y anímicos de los individuos parece quitarle peso y valor a estas mismas interrogaciones y reivindicaciones, e incluso reducirlas a epifenómenos de los movimientos cíclicos del Mercado.

En el ámbito de la reflexión teórica, el problema de la marginalidad social es encarado, en el 2000, desde la perspectiva biopolítica. Varios intelectuales, especialmente italianos, como Agamben, Esposito y Negri, se han dedicado a desarrollar las intuiciones introducidas por primera vez por Foucault en los años 70 sobre el biopoder. Este concepto da cuenta, por una parte, de la intervención de la política, con estrategias que pueden perfectamente consistir en una falta de acción o descuido, sobre la producción y la reproducción de la vida de los ciudadanos y, por la otra, de la situación de las sociedades contemporáneas como dominadas por un control que, del exterior (la disciplina impartida por instituciones específicas), ha pasado a instalarse en el interior del individuo (el control de miedos y deseos). En el contexto de lo que ha llegado a identificarse con un "estado de excepción permanente", según la famosa expresión de Agamben (*Estado de excepción*), los discursos teóricos dialogan con el significante de la marginalidad subrayando esencialmente su articulación con respecto a un poder invasivo y pormenorizado, su enfrentarse a éste desde retazos de supervivencia. La inseguridad difusa y el sentimiento de falta de control sobre la vida de uno mismo se traducen en la conciencia de que la marginalidad es un asunto de todos, excesivamente cercano como para no volverse amenazador. Como subraya Cristián Opazo, la marginalidad urbana se delata en el "olor a pobre" (87): una metáfora que hace hincapié en las facultades difusivas que solo un olor puede poseer. Es así como el margen, en el nuevo milenio, nos acecha "en los perfumes falsificados de las vendedoras del *retail*, en los hedores de las loncheras taiwanesas que se mezclan en microbuses atestados de obreros, en los atuendos Calvin Klein (de segunda mano) que lucen los taxi-boys adolescentes que roban nuestras miradas en los semáforos de la Gran Avenida o de Santa Rosa" (87).

5. Cómo decir el decir del marginal

El arte contribuye activamente, como los demás discursos culturales, a la formación de un determinado régimen discursivo alrededor del referente de la marginalidad. Su aporte no se da, sin embargo, de forma lineal, desprovista de roce. No siempre, por ejemplo, las producciones artísticas se alinean a las corrientes de pensamiento sobre marginalidad de mayor difusión en la época de su aparición. A lo largo de este libro, veremos que, en efecto, algunos textos literarios contradicen el *dictatus* cultural de su tiempo, anticipando perspectivas sucesivas, o simplemente abriendo caminos alternativos de percepción y valoración de la marginalidad. Podemos decir, con Foucault y Rancière, que algunas obras artísticas abren cortes inauditos en los regímenes de la visibilidad y de la discursividad, a saber, en lo que se puede percibir y decir en una época dada; producen, literalmente, una "re-visión" de las formas de entender la marginalidad y enfrentarse a la visibilidad de sus referentes, interviniendo en su estado de invisibilización o sobre-exposición. Diamela Eltit, por ejemplo, al referirse a las "zonas de dolor" –zonas marginales como prostíbulos, hospederías, hospitales psiquiátricos, cárceles– objeto de sus *performances* y experiencias literarias en los 80, declara: "[l]o que a mí me importa es iluminar esas zonas, hacerme una con ellas a través de la comparecencia física. No tiene un carácter moral hacer que esas zonas cambien, sino solo evidenciarlas como existencia" (Richard, *Márgenes e instituciones* 83).

La reflexión de Eltit es interesante también en otro sentido: permite entender que el autor, en la obra artística, "convive" (coincide y se diferencia a la vez) con el sujeto o el lugar marginal que pretende visibilizar en su obra de arte. En el caso particular del poema, el autor tiene que mantener juntas su voz y las voces de subjetividades y sensibilidades ajenas y supuestamente excedentes con respecto al ideal social. La teoría de la enunciación constituye un acercamiento útil a esta problemática, ya que gracias a ella es posible distinguir los diferentes niveles en que se posicionan de las voces en la maquinaria verbal del poema. Según la famosa definición de Benveniste (*Problemas*), con el término "enunciación" se indica la asunción y apropiación, por parte del sujeto que habla o escribe, del universo del lenguaje en un acto específico e individual. En la frase verbal que este acto genera, una serie de elementos –pronombres personales, deícticos de espacio y tiempo, verbos performativos, expresiones evaluativas, emotivas, perceptivas y modalizantes, entre otros– determinan la emergencia de la posición que asume quien habla con respecto a lo dicho y a la entidad a la cual se dirige el discurso, ya que el ejercicio del lenguaje es siempre transitivo. En literatura, la enunciación se desdobla, ya que los discursos que leemos a su vez son enunciados por una instancia creadora, reconducible en último grado al autor. El poema se connota por ende como un microcosmo de voces y perspectivas, algunas más evidentes que otras, escalonadas en diferentes niveles enunciativos.

Un poema de uno de los autores investigados en este libro, Juan Carreño, puede útilmente guiarnos por un camino inductivo hacia una visión de la problemática enunciativa. El poema se compone de una larga serie de exclamaciones que el título especifica como realmente pronunciadas por varios jóvenes en una calle de un barrio de bajos recursos en la periferia sur de Santiago, mientras se acercaban a un puesto de vigilancia de Carabineros para dar pelea en el aniversario del ataque a La Moneda y de la instauración de la dictadura militar. Podemos leer aquí la parte inicial del poema:

Martina Bortignon

Poema escrito por más de cien jóvenes la noche del 11 de septiembre del 2005 en avenida Santo Tomás con La Serena, La Pintana

> Los chicos de los que hablo no son refinados.
> No saben hablar de esto y aquello. El arte les
> importa un comino. Matan como el que mea.
>
> E. E. Cummings

¡E! ¡e! ¡e!
¡Vamoh pallá po!
¡Vamoh po cabroh a camotiar a loh pacoh culiao!
¡Too pa delante!
¡Tan viendo purah torta jileh culiao!
¡Ándate e guelo loh fantahma!
¡Too parría!
¡Vamoh vamoh vamoh!
¡Allaluja!
¡Cuidao con el humo oye!
¡Chúpenlo rico chuchesumare!
¿Tení limón?
¡No son pa la ensalá Pelao Chico! [...] (19)

La operación poética —según refiere el autor— consistió en trascribir y editar el material tal como había sido grabado. La impresión resultante es que la voz de la instancia responsable de la escritura se ha vuelto trasparente, entregándole todo el escenario a las voces de los chicos que se dejarían, por lo tanto, escuchar casi "en directo". A esto se añade, en el título, la atribución de autoría del poema ("Poema escrito por más de cien jóvenes...") y la especificación de unas coordenadas espacio-temporales que identifican un acontecimiento único e irrepetible. La pista proporcionada por el título parece llevar a la conclusión de que no hay ningún filtro entre los enunciados de "los marginales" y el lector que se asoma a su recepción. Si nos preguntaran quién habla en el poema, contestaríamos "los ciento y tantos jóvenes de La Pintana". Sin embargo, una mirada más atenta a la estructura del poema revela que, si bien apropiada, la pregunta no es completa, esto es, deja en la sombra un factor crucial. La cita del poeta E. E. Cummings insertada entre el título y el poema denuncia la invisibilizada presencia de este factor. Emerge así una mirada letrada que cruza y transfigura las imprecaciones y las exclamaciones coloquiales, reconducibles a un contexto social específico, el de los chicos "marginales".

El factor crucial que intentamos asir corresponde, naturalmente, a la instancia responsable de la escritura. A su presencia apartada se deben no solamente la cita y el título, sino también la selección de las frases "pronunciadas" por los chicos y su composición según una cierta concatenación, la transcripción fonemática de las mismas, la disposición gráfica y el largo del poema, por mencionar solo unos pocos aspectos. Hay más de un nivel de emisión lingüística, de asunción y producción de lenguaje: hay más de un sujeto que habla en o a través del poema. Si a esto se añade al sujeto al cual se tiene que atribuir la decisión de componer un poema sobre la situación considerada y de publicarlo bajo un sello específico, impreso o en la red, el cuadro se hace aún más complicado. Es necesario, por lo tanto, expandir la pregunta originaria de quién habla en el poema, volviendo a formularla en los siguientes términos: ¿cómo se organiza la entidad que subyace al discurso poético para gestionar el tráfico de las voces y de las perspectivas?

"No son ellos, soy yo"

En una charla con el autor del texto citado, emergió que una típica incomprensión a la hora de reseñar o discutir sus textos se debía al hecho de que primaba la tendencia a reconocer en sus poemas la "verdadera voz" de los sujetos retratados. Su respuesta –y protesta– era: "No son ellos, soy yo". El significado de la declaración programática del joven poeta, con su interesante alternancia de pronombres, es que los discursos reproducidos en sus poemas son representaciones que dependen, para su formulación y conformación, de una subjetividad que establece un punto de vista específico sobre ellas. Incluso cuando el "yo" que emite el poema en su totalidad entra en él bajo la máscara de un *alter ego* textual, estamos frente a un personaje, a una representación. Benveniste nos proporciona, con su distinción entre pronombres-persona y pronombres-no-persona, un válido instrumento para articular la distinción entre los planos del discurso que le permite al autor del poema analizado pronunciar con razón su declaración metapoética: "No son ellos, soy yo".

Benveniste (*Problemas*) postula que el pronombre "yo" (y por consiguiente el pronombre "tú" a quien el "yo" se dirige) es la parte del discurso que funciona como indicador y se actualiza en la instancia del discurso cada vez que un individuo se apropia del lenguaje para hablar. El "yo" solo significa, indicándola, la persona que enuncia la formulación discursiva que contiene el pronombre yo. Por el contrario, el pronombre "él" no remitiría, a la instancia misma del discurso, sino a un referente objetivo, o sea a un objeto que se encuentra fuera de la dimensión alocutiva (o sea fuera del diálogo entre "yo" y "tú") pero que resulta (re)presentado, explícita o implícitamente, en el discurso. El estatuto de no-persona del pronombre "él" se funda en el hecho de que esta forma pronominal de tercera persona no designa a un sujeto que participa en el fenómeno de la enunciación (el acto de decir), sino que se instala a nivel de lo dicho, de lo aludido por el discurso: se queda dentro de las fronteras del enunciado, de la representación. En el poema tomado en consideración, las voces de los chicos, aunque se propongan en la primera persona singular para cada una de las exclamaciones, en realidad dependen de un único sujeto que las rige y las vuelve a crear. Se trata del único "yo" de la enunciación poética que, aunque impronunciado, remite a la instancia que pone en movimiento la maquinaria del discurso. "Ellos", por el contrario, no pueden y nunca podrán hablar directamente, porque son pronombres de no-persona. Se parecen a títeres que responden a unas manos enguantadas de negro sobre fondo negro, como se ve en los pequeños teatros que entretienen a los niños en los parques; si bien no se pueden ver, esas manos existen.

Margen, espejo. Poesía chilena y marginalidad social

De esta situación se desprenden dos consecuencias. En primer lugar, para acercarnos al texto poético a sabiendas de esta dependencia medular de lo dicho con respecto a un decir, de esta subordinación de un "él" representado, incluso cuando parece hablar directamente, a un "yo" que representa, tendremos que preocuparnos por entender cómo el núcleo subjetivo instalado por el "yo" de la enunciación condiciona y rige la atribución de los discursos a los diferentes "personajes" o "títeres" en el teatro del texto, además de las conexiones (temporales, espaciales, modales, perceptivas) entre su nivel, de activa representación, y el nivel de lo representado, y entre los diferentes componentes que constituyen este último. Es evidente, y emerge aquí la segunda consecuencia, que no nos será posible acceder al "original" de la representación, a saber al "yo" que hace de modelo al "él" del enunciado: el sujeto marginal y su palabra directa. Por consiguiente, a la hora de aportar una reflexión crítico-interpretativa de los poemas, nos concentraremos en la forma en que "yo" recibe y se deja afectar por "él". Más que sobre el contenido del parlamento del "marginal", que nunca se alcanzará a escuchar en su primera formulación, nuestra pregunta convergerá sobre lo que el texto dice de sí mismo como producto cultural, y de la comunidad receptora de su mensaje, libidinalmente involucrada en las dinámicas del consumo literario. Apuntará a cómo una determinada representación de la marginalidad en los textos puede servir como entrada para interpretar una época. Se concentrará en qué revela del "yo" colectivo, o sea de nosotros, el hecho de hablar sobre y representar el habla de un "él" marginal de una forma determinada. En definitiva, al interrogarnos sobre el poema a partir del dispositivo de la enunciación nos daremos cuenta de que, uno, la "instancia escritural", o sea la entidad que organiza el discurso en el nivel textual, constituye el tamiz a través del cual se filtran todas las demás voces y perspectivas textuales y, por lo tanto, la piedra de toque en la que se rige toda la construcción poética;[6]

---

[6] De acuerdo con lo planteado, en el poema tenemos que saber escuchar la voz de varios "yoes": el que habla en el poema, el que habla a través de él, el que lo crea o lo emite, y el que habla (pulsionalmente) más allá de él. Una sistematización de la problemática

dos, la enunciación está afectada por el deseo y el deseo es un lugar de enunciación.

---

enunciativa se puede encontrar en el artículo, de autoría de quien escribe, "El sujeto enunciativo en poesía. Propuesta de un modelo de estudio", *Gramma*, n. 51, 2013, al cual reenviamos para profundizaciones. En esta nota nos limitaremos a dar las definiciones de los términos que utilizaremos para referirnos a los diferentes sujetos enunciativos del poema y en el poema.

Poeta: autor del texto literario, insertado dentro de unas coordenadas histórico-culturales y unas determinadas características del campo literario.

Emisor o personaje autoral: entidad enunciativa a la cual el autor transfiere la autoridad de emitir la invención literaria. El autor proyecta, en el borde del enunciado poético, un específico *alter ego* ficcional con el objetivo —más o menos consciente— de que el lector atribuya la producción de la obra a un sujeto con determinadas características. Es así como el autor, en elementos textuales y sobre todo paratextuales, como la nota biográfica o su foto en la portada del libro, o a través de declaraciones en el medio cultural, puede recalcar intencionalmente determinados rasgos en vez de otros. Del emisor se subrayará, por ejemplo, el lado punk y rebelde, el origen mapuche, o la homosexualidad, más allá de la efectiva adscripción biográfica del autor a estas identidades.

Lector: se sitúa al otro extremo de la comunicación literaria y su acceso a la obra está parcialmente condicionado por las instituciones que se preocupan del financiamiento y de la difusión de la obra (editoriales, fundaciones, premios literarios, etc.).

Instancia escritural: es la subjetividad discursiva que decide los aspectos generales del enunciado poético: las características del lenguaje y el estilo, cómo enfocar qué objeto y a quién atribuirle las voces y las perspectivas. Puede concebirse como la parte operativa y organizadora de la actividad poética. Cuando es necesario evidenciar la actitud de la instancia escritural hacia cuestiones de poética, o su relación con la realidad con vistas a la representación artística, esta figura se denominará *instancia poética*. A este nivel, el "yo" que habla es siempre el "yo" que escribe: la instancia escritural. Su voz "de tinta y papel" es perfectamente congruente y superponible con el enunciado poético; incluso se podría pensar en la voz de la instancia escritural como epifenómeno del poema, como el aparecer mismo de la materia poética.

Locutor: es asimilable a un personaje que toma la palabra y corresponde a la posición de sujeto de la oración interna al enunciado poético o coincidente con éste. Son definibles como locutor tanto el chico drogadicto que pronuncia su discurso como el personaje que comúnmente se visualiza como emanación de la subjetividad del autor. En ambos casos siempre se trata de un "yo" de segundo grado con respecto a la instancia escritural, por lo tanto de un "yo" hablado, un personaje. El "yo" es un "yo" que hace: su hablar es concebido como acción. En cambio, la instancia escritural solo habla (o escribe), pero no actúa. La voz, en este nivel, es como un micrófono que pasa de mano en mano según lo decida la instancia escritural: el "yo", por lo tanto, corresponde con el pronombre vacío de la concepción de Benveniste.

Locutario: equivalente del narratario en prosa, es la figura implícita o explícita con quien el locutor simula llevar a cabo el diálogo poético. El locutario puede coincidir con el locutor desdoblado, o con un personaje intradiegético. De hecho, tanto el locutor como el locutario pueden presentarse en el enunciado como *personajes*, esto es, tener una cara y hacer acciones.

II. La década del 80:
El margen como resistencia y contaminación

1. Una superposición problemática

El crítico Juan Carlos Lértora define las primeras novelas de Diamela Eltit como "construcciones centradas sobre personajes representativos de experiencias límites" (30), las cuales quedan condensadas en situaciones vivenciales despojadas y precarias, llevadas al borde de lo "inefable" (34). Al poner la cuestión en estos términos, el crítico señala, implícitamente, cómo el tema de interés no reside tanto en la indagación del referente marginal en sí, sino en la disponibilidad del significante de la marginalidad para ser llenado de proyecciones procedentes, más bien, de inquietudes del sujeto de la enunciación; es decir, quien escribe y quien lee tales producciones artísticas. En efecto, el hecho de que los personajes de Eltit se vuelvan casi máscaras "representativas" de una situación "límite" implica una lectura simbólica de la marginalidad como figura del desamparo histórico-existencial sufrido por la comunidad nacional bajo la dictadura. En otras palabras, el autor y el lector encontrarían, en las zonas existenciales clasificadas como marginales, el *locus* para la manifestación de un "inefable" en que se reflejan tanto su experiencia traumática como la posibilidad de una resistencia frente al poder. Es así como la producción literaria de los 80 se puebla de personajes derrotados, cesantes, dementes, decaídos, que se mueven en espacios degradados (Del Río 212). Se trata claramente de un planteamiento que recupera de las primeras teorías de la marginalidad la idea según la cual el sujeto marginal carga con su condición casi como si se tratara de una esencia ontológica e irreversible, que lo aleja del resto del cuerpo social. La posibilidad de caracterizar a este sujeto como "diferente" permite proyectar en él las inquietudes colectivas frente a los sucesos históricos.

Podemos pensar entonces que el rasgo crucial de la poesía de los años 80 centrada en la marginalidad coincide con la superposición, o analogía, entre el sujeto nacional y tales personajes marginales; entre el desamparo existencial impuesto por la dictadura sobre la comunidad nacional y la intemperie real de la vida de los marginales.

El poeta, por su parte, en tanto sujeto partícipe del sino nacional y en tanto sujeto hostilizado y marginado en la producción cultural, se hace cargo de encarnar de alguna manera la marginalidad. Instala por ende su enunciación dentro o en proximidad del perímetro de lo marginal: como decreta Sepúlveda "[e]l lugar de enunciación del artista y del nuevo ciudadano [de la dictadura] será el prostíbulo" ("Metáfora de la higiene" 78). Sin embargo, el solapamiento en la instancia de la enunciación entre poeta, sujeto nacional y sujeto marginal no está exento de contradicciones y desajustes.

Una marginalidad performada

Según Jorge Montealegre, los escritores de los año 80 conforman "[u]na generación N.N., condenada al anonimato y al margen: a desaparecer" (3). Como muchos otros intelectuales, Diamela Eltit (Santiago, 1949) y Thomás Harris (La Serena, 1956), autores respectivamente de *Lumpérica* (1983) y *Zonas de Peligro* (1985),[7] ven reflejarse en su condición de artistas la marginalidad que representan en su obra. Además de experimentar en primera persona los efectos negativos del ostracismo dictatorial contra la cultura,[8] Eltit

---

[7] *Zonas de peligro* aparece, en una primera versión que luego será ampliada y revisada, en la revista penquista *Posdata* n. 3, junio de 1981.
[8] Producto del golpe, las instituciones culturales y las universidades se encuentran intervenidas o parcialmente cerradas. La escasa crítica literaria en los periódicos oficiales produce una lectura a- problemática y consensual de las obras literarias, razón por la cual las nuevas voces poéticas no encuentran en ella un válido interlocutor y se repliegan en revistas auto-editadas. La industria del libro, después de las requisiciones e incineraciones de revistas, libros, discos y la clausura de las editoriales independientes en los primeros tiempos dictatoriales, conoce un modesto desarrollo solamente en el ámbito de las publicaciones masivas, que vuelven el libro un objeto de consumo según la lógica del *best-seller*. La literatura comprometida o simplemente interesada en tener alcances artísticos de cierta envergadura circula en forma semi-clandestina, publicada por editoriales al límite de la legalidad o directamente auto-editada, en formatos precarios y artesanales. La primera edición en formato de libro de *Zonas de peligro*, por ejemplo, se realiza en los Cuadernos LAR de Poesía, cuya política de confección editorial se caracteriza por tal esencialidad obligada. Otro factor condicionante que interviene en el caso en que se escoja una editorial legal es la censura. Diamela Eltit publica *Lumpérica* en Ornitorrinco, temiendo que no logre superar el control del censor, justo el mismo año, 1983, en que el Decreto 262 pone término a la necesidad

Margen, espejo. Poesía chilena y marginalidad social

y Harris eligen asumir la marginalidad vivencial y simbólicamente en el momento en que presentan su obra al público en los recitales-*performance*.

En particular, Tomás Harris, junto con los poetas Carlos Decap, Roberto Henríquez y Jeremy Jacobson, organiza en 1980 una lectura colectiva en el Cecil Bar, situado en un barrio marginal de la ciudad penquista, acompañada por la música de Billie Holiday y la proyección de fotos de ambientes urbanos. Concepción queda así visualizada como "cuerpo urbano" cancerígeno, enfermo pero también disparador del deseo por el *otro*:

> Finalmente, la ciudad como el espacio de apareamiento innominado, de búsqueda erótica desesperada. La ciudad como coito y muerte. Ámbito del susurro, del silencio sospechoso, del aullido, del quejido, del jadeo, del suspiro mortuorio, del graznido y del ahogo del orgasmo. De la tachadura de los cuerpos. Del intercambio de fluidos y de recorridos equívocos hacia el desfase y el desfogue. (Harris, "El ¿poder?..." 364)

La lectura orgánica de la ciudad permite conformar, en el contexto de la general pérdida de referentes, un mapa inteligible en el cual los artistas logren descifrarse a sí mismos en un sentido existencial. Tal como lo describe Harris, "[e]ntonces, pues, la primera tarea: había que re-significar la ciudad [...], leer el cuerpo urbano tal un palimpsesto, y con nuestros propios cuerpos asediados en él" (361). En este mapeo emocional, las "zonas de peligro" de la vida de las personas y de los artistas entre ellas —un presente a la intemperie, la incerteza laboral, el miedo constante a la delación o a la muerte, el hambre de amor y calor humano— son halladas en aquellos márgenes urbanos y sociales que siempre han estado presentes, pero que ahora adquieren una nueva luz, un nuevo significado.

Si Tomás Harris busca la marginalidad en la dimensión extensa del cuerpo urbano, Diamela Eltit la encuentra en la superficie más

---

de obtener una autorización previa por parte del Ministerio del Interior para editar y hacer circular libros. Finalmente, se vuelve común la práctica de la lectura colectiva, en tarimas, peñas y bares, porque el estatuto oral y transitorio de la situación la substrae más fácilmente a los impedimentos y castigos, por no dejar constancias del "delito", pero también porque de esta forma se pueden alcanzar más oídos.

acotada de su cuerpo y de la casa de citas en que se comercian otros cuerpos femeninos como el suyo. En 1980, el mismo año de la lectura de Harris, Eltit realiza un *reading-performance* en un prostíbulo del barrio periférico de Maipú en Santiago, durante la cual lee partes de *Lumpérica* exhibiendo la piel de sus brazos cortada y quemada, lava la acera y proyecta la imagen de su rostro sobre la fachada de la casa. La *performance*, realizada en colaboración con la artista visual Lotty Rosenfeld, recuerda curiosamente en su título el poemario harrisiano: *Zonas de dolor 1*. Además, un año antes de la *performance* de Eltit, aparecieron en la revista *Cal*, también bajo el título de *Zonas de dolor*, unos fragmentos de un esbozo preliminar de la novela, en los que transluce una análoga tendencia a una identificación con la figura de la mujer marginal:

> Biografías / Consumaciones.
> R. Iluminada explicitada = el dolor objetivado como referente en el transcurso ciudadano.
> [...] Una ofrenda mística que se tiene que leer en el cemento que piso y del que igualmente participas.
> [...] Toma mi historia particular, mis copulaciones a cambio de este covento. (47)

El estatuto del personaje de R. Iluminada –quien en la versión definitiva de *Lumpérica* se llamará L. Iluminada– en tanto "referente" (confróntese con el "representativo" ocupado por el crítico Lértora) de una situación de sufrimiento queda patente en estas líneas, así como la presencia de una veta mística en la ofrenda del cuerpo femenino como *locus* del acontecimiento de la herida. En la *performance* de 1980, tal entrega se explicita en los cortes y las quemaduras en los brazos de la artista y en dos citas cristológicas, la primera desde el Evangelio y la segunda apócrifa: el lavado de los pies de los apóstoles, reproducido en el lavado de la vereda delante del burdel, y la reliquia legendaria del velo de la Verónica,[9] asimilable a la foto de la cara de Eltit proyectada en grandes dimensiones en la fachada del burdel. La persistencia de este halo de vicarización de la marginalidad en la

---

[9] Se trata del episodio legendario en que una mujer llamada Verónica ofrece su velo a Jesús para que se seque la cara durante su subida al Calvario: en el género queda impresa la cara de Cristo.

Margen, espejo. Poesía chilena y marginalidad social

propia subjetividad de la artista y su anverso, la superposición de la individualidad de la artista con el cuerpo colectivo e indiferenciado de las prostitutas, confluirán posteriormente en el paratexto de la obra literaria: la cubierta de la primera edición de *Lumpérica* muestra la foto de la proyección de la cara de Eltit en el muro de la casa de Maipú.[10]

Ahora bien, si miramos la coincidencia entre artista y sujeto marginal, manifestada en los recitales-*performance*, desde el punto de vista de este último, nos damos cuenta de que hay un desajuste. El marginal se connota como el objeto caído, el no-todavía-objeto de la teoría kristeviana de la abyección, atrapado en un desprendimiento nunca llevado completamente a cabo. "Objeto vacilante, fascinante, amenazador y peligroso [que] se perfila como no-ser", más que en términos de subjetividad autónoma el marginal se configura en términos de zona experiencial, como laguna en la que "el ser hablante se sumerge permanentemente" (Kristeva 91). De allí que no logre constituirse, una vez llevado a la maquinaria textual, en sujeto hablante. El sujeto marginal en *Zonas de peligro* y *Lumpérica* es lingüísticamente mudo.[11] A lo más, se expresa a través de síntomas corpóreos, fluidos orgánicos, gritos inarticulados, pero no le es otorgada independencia y autonomía enunciativa para constituirse en locutor. En los versos dominan otras voces, identificables con observadores externos u otros personajes que no se pueden definir como marginales.

---

[10] Años después, el acto performático ha sido valorado por la autora en los siguientes términos: "[...] una experiencia bien solitaria [...] era una cosa mía, una cosa bien personal. [...] Yo quería ver si había una fantasía en mí o había una capacidad efectivamente de encuentro con esos espacios. Si yo me la podía, si no era una pura fantasía casi burguesa" (Morales 166). En su confrontación con experiencias límite, la artista parece interesada en exceder sus limitaciones y sus recursos personales de sujeto "privilegiado".

[11] Es un rasgo que se puede comprobar también en el caso de las prostitutas en *Vírgenes del Sol Inn Cabaret* (1986) de Alexis Figueroa. Otros poemarios del período, sin embargo, eligen otorgar la enunciación al individuo marginal: véase la figura del pingüino (un vendedor ambulante loco) en *El Paseo Ahumada* de Enrique Lihn (1983) o la del cabecilla y delincuente en *La estrella negra* de Gonzalo Muñoz (1985).

Podríamos entonces argumentar que la superposición simbólica o incluso metonímica con el marginal, en la *performance* y en el texto, se produce solo a nivel del cuerpo. La mudez de este último es compensada por la evidencia delirante de los fluidos corporales como sudor, secreciones vaginales, semen, sangre, pus, saliva.[12] En ellos el autor consigna tanto la prueba de resiliencia de una vida reducida a sus mínimos términos, a las funciones básicas de comer, evacuar, fornicar, como la esperpéntica subversión contra las causas de tal repliegue en la mera supervivencia. Los fluidos orgánicos, su implícita carga contaminante, ensucian la superficie del *status quo* impuesto; simbolizan la revancha del torturado que, antes de reventar, salpica las manos que lo torturan con su materia orgánica trizada.

La enunciación en tanto palabra verbalizada, al contrario, permanece en un límite externo. Junto con el poder de la mirada implícita en la perspectiva enunciativa, la palabra se aplica desde lo externo al cuerpo del marginal, funcionando como tortura ulterior, ya que el autor introyecta la violencia y el control autoritarios y los replica sobre los personajes de su creación. En alternativa, esta palabra funciona como acto testimonial que, recordando la dicotomía descrita por Primo Levi en su libro *Los sumergidos y los salvados* sobre los campos de concentración, supone que el sujeto enunciativo no se deje sumergir junto con los demás sino que se salve, para comprender y dar cuenta de lo ocurrido.

Como veremos, la divergencia entre la identificación simbólica del nivel corpóreo con el marginal (en los recitales-*performance*) y la negativa a atribuirle una enunciación explícita y verbal (en el texto) permite, en realidad, que el núcleo de sentido de las obras de Harris y Eltit pueda manifestarse. En Harris, la distancia óptico-perceptiva con respecto al objeto marginal permitirá la tensión cognoscitivo-testimonial hacia la circunstancia histórica, mientras que la brecha

---

[12] La huella orgánica es un rasgo recurrente en el arte y la poesía del período. Luz Donoso en 1978 emplea unas matrices de aluminio en forma de cuerpo humano estilizado para pintar con *spray* los sitios en que se habían perpetrado asesinatos o torturas. El poeta Gonzalo Muñoz en *La estrella negra* escribe: "Calles tocadas de franjas verticales, / paralelas. / Franjas de color sangre seca. / Pintadas en las paredes" (15).

Margen, espejo. Poesía chilena y marginalidad social

que media entre el cuerpo del locutor y los cuerpos de las prostitutas dará pie a la exasperada búsqueda de bocanadas de vida en el eros. En Eltit, la insistencia obsesiva de miradas externas sobre el objeto marginal activará la reacción de la protagonista frente a la opresión, su atestación de supervivencia al desastre.

2. Zonas de peligro, *de Tomás Harris:* *la intensidad testimonial*

Zonas de peligro de Tomás Harris erige, sobre el referente de los márgenes de la ciudad de Concepción y del barrio prostibulario de Orompello —con sus bares de mala muerte, los hoteles de encuentros clandestinos y el omnipresente moho adherido a los muros—, el ominoso espejismo de una ciudad y una nación que se miran y se reconocen como tierra yerma arrasada por la violencia.

El poemario se abre con una cita de "Orompello" de Gonzalo Rojas, quien poetizó el barrio homónimo en los años 60: "Orompello. Orompello. / El viaje mismo es un absurdo. El colmo es alguien / que se pega a su musgo de Concepción al sur de las estrellas" (27). El epígrafe rinde tributo al modelo fundador de un imaginario poético, pero al mismo tiempo marca una distancia con respecto a éste. El viaje de *Zonas de peligro* no surcará la geografía voluptuosa del cuerpo de las sensuales meretrices rojianas, sino la topografía erótica (y thanática) de un barrio marginal en cuyas calles deambulan demacradas putas adolescentes y parroquianos patibularios. Como promete la cita, se tratará de un viaje que, literalmente, estribará en lo "absurdo": en la contradicción de un vagabundeo detenido, que en vez de extenderse longitudinalmente y salir a lo abierto, penetrará profundamente en las entrañas de la ciudad, pegándose a la materialidad del musgo y del barro, a los reflejos engañosos en los charcos de lluvia, a la resonancia mítica de un lugar fundacional que la repetición sonora del nombre "Orompello" evoca. De esta forma, el poemario se caracteriza por una fuerte tensión cognoscitiva y exploratoria hacia una realidad que pronto se revelará resbaladiza, desdibujada en la ficción: un universo de doble fondo, "una representación escénica" (Jorquera 31) que se nutre de reflejos, espejismos, refracciones; un cuento terrorífico de hadas, en que, como recita un verso, "el horror te inventa" (Harris, *Zonas* 49).

Si acogemos las indicaciones que nos proporciona la cita de apertura, el viaje a los márgenes de la ciudad, emprendido bajo el signo de un ahondamiento perceptivo e intelectivo en sus meandros, desembocará en la testificación. Este concepto alude a un testimonio que no coincide con la tramitación diacrónica de la memoria, sino con el acercamiento, sincrónico, a una contemporaneidad abominable y oscura. Es decir, la testificación nos invita a leer el poemario como un uso resistente y urgente del raciocinio en un panorama de encubrimientos y mentiras; como una tentativa de abarcar, a través de la elaboración ficcional, una situación de crisis –la dictadura– en que la posibilidad misma de representación ha deflagrado. El término "testificación", por otra parte, dialoga con la raíz, etimológicamente más reciente y contaminada con la lengua inglesa, de "testar", o sea probar algo de primera mano. De hecho, el poemario constituye también un esfuerzo por testar y tastar la prueba orgánica de la mera supervivencia al desastre, la prueba erótica de la persistencia del deseo lanzado como un sabueso en el rastro del cuerpo de otra persona, en cuyos brazos sea posible encontrar momentáneo amparo y loco delirio.

El perfil del locutor del poemario es delineado por la crítica según el patrón baudeleriano del *flâneur*, "vicioso adolescente" a lo Rimbaud en busca de "las epifanías que suelen conjurarse a partir de la oscura complicidad entre la seducción y el horror" (Rojo, "Tomás [sic] Harris o de la fiebre del oro en Orompello" 13-15). La estudiosa Magda Sepúlveda, sin embargo, señala cómo "la alucinación es realzada por las diversas voces que emplea Harris, hablas que no se sabe de dónde provienen y que se articulan por medio de montajes,

Margen, espejo. Poesía chilena y marginalidad social

recurso émulo del cine y de los medios de comunicación masivos" ("Metáfora de la higiene" 75). Efectivamente, como veremos en las próximas páginas, la unidad locutiva queda triturada y desollada por las circunstancias históricas. La instancia escritural arma su cadáver exquisito con añicos de voz, subdividiendo la responsabilidad de la testificación entre, básicamente, tres locutores diferentes. Se trata de locutores que comparten una atracción por la marginalidad y gravitan en el territorio peligroso y magnético del barrio prostibulario y de otras zonas periféricas de la ciudad.

El significante de la marginalidad abyecta se condensa en los cuerpos de las prostitutas del barrio: mujeres consumidas y macilentas, bárbaramente asesinadas o soldadas con la geología de los muros. El margen se vuelve símbolo de "deseos encubiertos y reprimidos" (Gómez, "Nuestros escasos letreros luminosos" 5) que esconde, en la equívoca promiscuidad de su topografía y de los seres que la habitan, la promesa de una revelación incontrovertible sobre lo real. La marginalidad, en este sentido, es el elemento en que insiste el acto de testificación. Por otra parte, esta misma marginalidad se traduce en reducto de resistencia e, incluso, activa contaminación con respecto a la coyuntura histórica de opresión: la abyección de los líquidos orgánicos y de la escritura sintomática, junto con el contagio carnal de la ciudad por parte de las prostitutas, encarnan una empecinada negativa a rendirse espiritual y materialmente, una afirmación de insumisa supervivencia que ensucia la cara blanqueada del poder.

La testificación "deíctica oblicua"

El término testificación lo recuperamos del crítico chileno Willy Thayer quien, en su elaboración de la reflexión benjaminiana sobre la alegoría y el barroco, diferencia el término "testificar" del término "testimoniar". Según aclara Thayer, el primer verbo sugiere un hablar más allá del límite, no solamente en un sentido de redundancia, de excedencia, sino, también, de revelación de algo distinto a lo que la palabra o la imagen presentan. La comunicación se constituye así como muestra de lo inconcluso, de lo abierto, de lo dislocado. Tal testificación se lleva a cabo, sin embargo, exclusivamente en el soporte material de la obra, rehuyendo cualquier tentación de una espiritualización de lo físico. La interpretación barroca "alojará la comprensión de la obra en la testificación material, los vestigios inmanentes y dispersantes que en ella se dan cita", aprovechando, justamente, "la predicabilidad interminable, ambigua, vacilante, propia de la mediación corpórea" (256). En tanto dominado por la lógica del fragmento, de la cita y de la metonimia, el barroco funciona además como interrupción de la totalidad y de la homogeneidad. La obra barroca, en otras palabras, encuentra su sentido, incluso ético, de testificación en su irrupción en un *continuum*, esto es, en la inserción de una encrespadura u ondulación allá donde había una superficie homogénea y opaca.

Las precisiones introducidas por Thayer acerca del concepto de testificación barroca nos proporcionan una clave muy útil para empezar nuestro viaje en *Zonas de peligro*. El barrio prostibulario de Orompello es propuesto en sí mismo, de hecho, como fragmento orgánico, como metonimia o sinécdoque –una parte por el todo– de la situación chilena bajo la dictadura. La instancia escritural proyecta en una zona circunscrita y marginal de la ciudad el sentimiento de peligro acechador e imprevisible que oprime a una nación entera. Escribe Harris:

> El espacio urbano se abría así [en Orompello] no como un telón de fondo, sino como el *locus* mismo donde debía proferirse, ocurrir, devenir el poema, desde una contextualización metafórica y metonímica, que [yo] podía leer en la ciudad de Concepción real. ("Concepción: ciudad y ¿mito?" 40)

En los versos, este *locus* abyecto es inquietantemente palpable, obsesivamente cercano y exacto en su podredumbre. Podemos percibir y visualizar muy vívidamente los charcos hediondos entre "los peñascos sucios de la calle" (*Zonas* 39) iluminados apenas por "escasos letreros de neón" (29), los rincones meados por los perros

Margen, espejo. Poesía chilena y marginalidad social

donde las putas adolescentes buscan "jeringas usadas, conchos de ácido, restos resecos de neoprén" (46), los "muros y detritus rampas / y fosos por estas márgenes del Bío Bío" (33) atestados de "señales zapatos papel confort / animales insospechados el liquen orgánico" (33). Hay allí una estética de la exactitud en los detalles abyectos, llevando a unos críticos a hablar de "feísmo" (Quilodrán 15), "inclinación escatológica", "delectación en lo sórdido" (Jorquera 31). Este tratamiento retórico obedece a una necesidad de inmanencia interpretable según el concepto de testificación material propuesta por Thayer.

Al mismo tiempo, sin embargo, la instancia escritural dispersa estos elementos en un espacio nebuloso, donde verdad y mentira, realidad y ficción, se mezclan y confunden. "Todo transcurría en un teatro / protegido por la ficción" (*Zonas* 47), de forma que las llamas de un incendio terrible pueden muy bien transformarse, sin contradicción aparente, en "un espejismo [de] los eriazos floreciendo" (34).[13] La fantasmagoría, desde un punto de vista anecdótico, se justifica en los reflejos brumosos producidos por la presencia constante de la lluvia en Concepción, sumados a los efectos visionarios del alcohol consumido por el artista en los bares para resguardarse del frío y de la humedad. Desde un punto de vista de opción retórica y simbólica, el concepto de fantasmagoría busca sus antecedentes en la confusión entre realidad e irrealidad producida por los medios masivos controlados por la dictadura. En la estela de la propuesta de Thayer, podemos aventurar que la proliferación textual de espejismos y hechizos que entorpecen y confunden los sentidos se implanta como un injerto en la mentira oficializada divulgada por la dictadura. La ficción poética intersecta la ficcionalización sistemática pensada para encubrir, con programas de entretenimiento masivo, los horrores de la dictadura; invierte su sentido de marcha; la

---

[13] Tal como observa el crítico Óscar Galindo, el universo suscitado a partir del significante de Orompello puede perfectamente interpretarse según los tópicos típicamente barrocos de la vida como teatro o sueño, el claroscuro y el tenebrismo, el engaño de los sentidos, el artificio y el simulacro (Galindo 200).

multiplica y la exagera, volviéndola productiva para fines estéticos y provocando disturbios imprevisibles en la superficie de la "versión oficial" de los hechos.

Es justamente a través de la construcción ficcional, constelada de detalles abyectos, que el poemario busca el roce con la realidad. Y lo hace, como deducimos de Severo Sarduy, siguiendo la más clásica tradición barroca, esto es, con "la utilización de núcleos de significación tácitos, "indeseables" pero necesarios, hacia los que convergen las flechas de los indicadores" (Sarduy 28). La escritura, con su plétora de imágenes y encubrimientos, superposiciones y desplazamientos, se vuelve ostensión interrogante hacia el núcleo ominoso de lo real que tiende a aflorar en el discurso bajo claves más o menos explícitas, pero siempre simbolizadas. La testificación de la que se hace cargo *Zonas de Peligro* es "deíctica", porque apunta a un más allá histórico-existencial del texto, y "oblicua", porque lo hace desde y a través de una ficción matizada por el claroscuro barroco. La apertura temporal que caracteriza el poemario – desde el Paleolítico hasta la Conquista, desde los años 60 a un futuro postatómico– hace de la metonimia de Orompello un palimpsesto en que esta misma violencia, este mismo miedo, pueden ser declinados en las más diferentes circunstancias. Junto con la técnica retórica de la interpelación al locutario (el "tú" al cual el locutor se refiere), la variación temporal permite que el acto de testificación pueda reactivarse con cada lectura que el lector empírico haga en su propio presente, atestiguando el pervivir del potencial ético y estético que esta obra contiene.

Tres voces

En un contexto dominado por la desaparición de las personas, de la libertad y de la posibilidad de expresión, la testificación "deíctica oblicua" del poemario harriano bordea constantemente el abismo en que eclosiona el desastre del sentido. La dificultad de abarcar lo irrepresentable, junto con el emerger de diferentes y

Margen, espejo. Poesía chilena y marginalidad social

contradictorias comprensiones de lo ocurrido, sabotean la conciencia del sujeto. Esto se traduce, a nivel de la retórica de la obra, en la fragmentación del hablante en una pluralidad de puntos de vista y voces. Se alternan, por ejemplo, observaciones de orden general, dirigidas a un locutario, con situaciones enunciativas en donde el locutor anota sensaciones más íntimas o personales; también las coordenadas espacio-temporales, el registro lingüístico, la distancia con los hechos ficcionalizados varían de forma apreciable. Estos desniveles se condensan en tres caras de un sujeto intervenido, paranoico, fracturado, tres puntos de vista para un mismo acto de testificación: a nivel enunciativo, tres locutores.

El visionario

Al primero de ellos lo podemos reconocer en el primer poema de *Zonas de Peligro*, que describe la acción degradante y corruptora de las zonas de peligro sobre quien se atreva a pisarlas. Este poema se abre con un símil reiterado y anafórico que concluye solamente en la segunda estrofa:

> Así como largas y angostas fajas de barro
> así como largas y angostas fajas de noche
> así como largas y angostas fajas de musgo rojo
> sobre la piel.
>
> Las zonas de peligro son ininteligibles. (29)

La fórmula comparativa está completamente desarrollada ("Así como") con una insistencia casi pedante y escolar, como si el locutor que emite estas palabras intentara acotar racionalmente los espacios de indeterminación y ambigüedad que crea, *per se*, el género poético. La advertencia casi didáctica pronunciada por el locutor de este poema apunta a visibilizar los límites del tránsito de los ciudadanos en la urbe, vueltos ininteligibles e insidiosos en tiempos de dictadura, en la imagen de las "largas y angostas fajas de tierra". Se puede reconocer aquí una alusión irónica al *cliché* literario y cultural de Chile como una "larga y angosta faja de tierra", reiterado, por ejemplo, en la épica de Ercilla, las canciones de Violeta Parra[14] y los textos didácticos escolares. Se trata por lo tanto de superficies que adquieren inmediatamente las dimensiones y las implicaciones de un país entero, caracterizándose, además, como huellas orgánicas de un transitar llagado, supurante. El locutor plantea la manifestación de estas zonas de peligro como un asalto que, primero, reduce al locutario a un *imbunche*[15] según la ley del "no ver-no hablar-no escuchar" ("te rodean / el cuerpo en silencio, / en silencio te lamen la oreja, / en secreto te revuelven el ojo") y, luego, a través de la figura retórica del *aprosdóketon*,[16] insinúan la degradación sexual del mismo con una alusión a la sodomía: "sin el menor ruido te besan el culo".

A pesar de ello, la violencia amordazadora no logra interrumpir completamente el procesamiento cognoscitivo de la experiencia ni silenciar del todo la comunicación. Pervive un intento de conceptualización racional, reconocible en el uso de palabras como "ininteligibles", "prefigura", "símbolo"; observamos, al mismo tiempo, que el impulso hacia la expresión se ha volcado a lo sintomático y la comunicación ha virado desde lo verbal hacia lo semiótico, acabando por denunciar indirectamente lo que se quiere ocultar. Respaldándonos en la predominancia, en los poemas sucesivos, de señales, colores, gritos y letreros –elementos de una comunicación exquisitamente semiótica y somática– podemos interpretar también las fajas como escritura orgánica. Sin embargo, el último verso propone una definición verbal y sin merodeos. La "única identidad" que queda de estos lugares es así decretada: "CAMPOS DE EXTERMINIO".

---

[14] La canción "Maldigo del alto cielo" recita: "Maldigo la cordillera / de los Andes y La Costa, / maldigo, señor, la angosta / y larga faja de tierra [...]".
[15] Se trata de una figura de la mitología mapuche que integra el folclor chileno. "Es un ser de cabeza torcida, con los ojos cosidos, boca cosida, sexo cosido, oídos cosidos, todo cosido y envuelto" (Uribe 248).
[16] El *aprosdóketon*, término derivado del adjetivo griego "inesperado", se refiere a aquel efecto retórico a través del cual las expectativas del lector son frustradas por el comparecer de un elemento sorpresivo e incongruente con la situación creada.

Margen, espejo. Poesía chilena y marginalidad social

Podemos notar cómo el locutor de este poema sitúa su enunciación en una distancia que le proporciona cierta lucidez y una locución pausada, autorizada, terminante; una distancia, además, que le permite identificar y describir las diferentes señales comunicativas, incluso las que rezuman por debajo de la línea de la ficción encubridora, y verbalizar racionalmente algunas de ellas, transformándolas en acusaciones perentorias. El distanciamiento desde el cual se manifiesta este locutor lo volvemos a observar, esta vez en un sentido temporal, en los poemas que comparan la situación presente con el pasado o con un futuro sombrío. Por ejemplo, la imagen de una copa de árbol aguada por una lluvia estéril e inclemente, representada como un nido inhóspito e intervenido por reflejos rojos que connotan el miedo, es comparada con un pasado en que predominaban colores reposados como el azul y el verde. Se alude aquí a la patria como morada, vista en el axis diacrónico en que el golpe militar representa un evento tan traumático que corta el paso del tiempo entre un presente histórico con un sino trágico y un pasado percibido como tan alejado que termina pareciendo prehistórico, o sea perdido en una dimensión ya mítica. La perspectiva futura es resuelta, por el contrario, a través de un tono profético. El futuro es presentado como un escenario post-apocalíptico, con vagas resonancias evangélicas de *Mateo* versículo 24, en donde Jesús predice la desolación del fin del mundo: "Entre las plateadas montañas de / desechos, una puta impúber buscará jeringas usadas, / conchos de ácido, restos resecos de neoprén" (46). En el presente, este locutor mantiene una postura que permite la aprehensión racional, y que se vale incluso de la designación ostensiva de las cosas – "Este es el puente de Brooklyn / sobre el río Bío Bío [...] Y este es el barro [...] Esta es la luna [...] Esta es otra década turbia" (48)– como si, a través de la denominación y el reconocimiento de éstas, fuera posible re-articular un sentido mítico y fundacional para la comunidad.

Podemos plantear, entonces, que este primer locutor se coloca espacialmente en el límite de las zonas de peligro –lo cual le permite hablar con desapego de ellas y observar las consecuencias sobre quienes se atreven a cruzarlas– y percibe los eventos y los fenómenos, en su dimensión diacrónica, como algo proyectado delante de sus ojos. Su acto de testificación, en el sentido de la deixis oblicua propuesta al principio, es comprobable en el hecho de que se dirige explícitamente a un locutario que bien puede coincidir con el lector. Este locutor se puede por lo tanto definir como un vidente, porque, hablando en la convergencia entre pasado, presente y futuro, ejerce su locución con un sentido de responsabilidad y de compromiso, intentando denunciar la mentira autoritaria y neoliberal.

El yo personal: "el poeta" y "el oscuro"

Al segundo locutor lo vemos aparecer en las formas de un yo personal y subjetivo en los textos titulados "Hotel King" y en otros poemas cercanos. En este locutor se encuentran, a menudo confundidas, dos vetas: la *dramatis personae* del poeta, con la cual entendemos el personaje que formula declaraciones metapoéticas por cuenta de la instancia poética, y el lado confesional e íntimo del individuo, desde el cual el locutor habla sobre experiencias y sensaciones personales en primera persona. Llamaremos al primer aspecto del locutor "el poeta", entre comillas, para subrayar el hecho de que designa a un personaje ficcional; llamaremos al segundo "el oscuro", porque su voz brota de los pliegues más profundos de su psique y de su inconsciente.

La perspectiva de "el poeta" emerge en un locutor que se encuentra moviéndose activamente en los espacios exteriores de Orompello. El poema "Zonas de peligro" (41), donde lo vemos subirse a una "micro" (el término chileno para autobús) que recorta los cuerpos de los pasajeros en pedazos sin identidad, encierra en realidad una declaración del procedimiento estilístico, simbólico y estructural del poemario: "La retórica es el fragmento". En el poemario, de hecho, abundan las sinécdoques y los detalles agrandados, los espacios blancos entre las palabras, las reiteraciones obsesivas y un particular uso del encabalgamiento que rompe las palabras dejándolas a merced de la ambigüedad.[17] La dicción se hace, de esta forma, interrumpida, dificultosa, ahogada: la práctica poética se asimila a la función básica de la respiración, se hace incluso tan imprescindible como esta última para la supervivencia del individuo, adquiriendo sus mismos ritmos entrecortados.

El locutor, apresado por la angustia, intenta procesar lo ominoso y solo le sale espuma: solo le salen largas y angostas fajas de sangre, de semen, de baba, huellas orgánicas que apenas logran acceder al ámbito de la escritura. Que estas manifestaciones esperpénticas logren luego su objetivo comunicativo en la intemperie de la contingencia histórica es algo que "el poeta" no puede controlar del todo, ya que tampoco los actos heroicos parecen dejar rastro. De hecho, el poema programático se cierra con las cenizas del cuerpo quemado de un ciudadano penquista eliminadas por la lluvia en los desagües. Se trata de Sebastián Avecedo, quien en 1983 se quemó vivo en la plaza de la ciudad como forma de protesta, pidiendo que se le informara acerca del paradero de sus dos hijos detenidos por los militares. En el poema, se le asimila al famoso santo mártir de la tradición cristiana por medio de la omisión de su apellido. El paralelismo es ulteriormente desarrollado a través de la segunda figura histórica, la del poeta norteamericano Allen Ginsberg, esta vez aludido solo por su apellido, quien en los años 60 había leído sus versos en la misma ciudad. El individuo híbrido Sebastián Ginsberg –*alter ego* del locutor– se vuelve, según esta interpretación, el mártir, o sea quien atestigua con su propia vida, y habla desde el lugar enunciativo de la poesía para conocer la verdad. Si queda constancia de su inmolación y de su acto de testificación, ésta se dará solo en la forma tenue de los rastros de cenizas lavadas por la lluvia o de las huellas de una herida.

---

[17] Por ejemplo, "por estos mismos adoquines ero-", dado el contexto prostibulario, podría ser completado con "-ticos", pero en el verso siguiente concluye con otra terminación: "-sionados" (41).

El locutor que llamamos "el oscuro" se encuentra en un interior, la pieza número 6 del Hotel King, en compañía de una prostituta o amante. Junto a ellos está la muerte, representada al acecho, observándolos como si fueran un pedazo de carne disecada —el *charqui*— que tarde o temprano se llevará. El sexo se connota, así, como un precario y momentáneo oasis bajo la vigilancia de la muerte. Afuera, la ciudad arde, como la dantesca ciudad de Dite,[18] sugiriendo una asimilación de la circunstancia histórica a un infierno; un infierno, sin embargo, encubierto por las pesadas cortinas de humo de la ficción, hasta el punto de que el locutor parece autoconvencerse de que ese incendio terrible no lo alcanzará. Las noticias de lo que pasa en el exterior llegan como desde una gran distancia, no se pueden definir con exactitud: "dijo alguien", "no sé", "no sabemos bien". Es como si "el oscuro" se empecinara en no querer saber, en no querer abrir los ojos, dejando en lo indeterminado y supeditando al juicio ajeno las pruebas exhibidas tan nítidamente delante suyo. Desde este punto de vista, su testificación, entendida como toma de conciencia de la realidad político-social que lo rodea, está visiblemente viciada por un censor interno inducido por el miedo. "El oscuro" es portador de otra veta de la testificación: un tantear, a ciegas, entre el escozor de las heridas y la electricidad del sexo, para tocar lo innombrable en el fondo de su mismo ser. El locutor introyecta la violencia y se auto-agrede, se autoexpone en su abismal desamparo:

> [...] La Concepción te inventa una nebulosa
> fragmentaria lo inventado es parcial lo
> inventado está fetichizado tú estás fetichizado
> tú eres el fetiche mírate de cuerpo entero
> en la puerta del ropero de la pieza número
> 6 Hotel King muros adentro [...]
> ahora los fantasmas espían desde los intersticios

---

[18] La ciudad de Dite, con sus torres candentes, aparece en el canto VIII, vv. 70-75, del *Infierno*: Y yo dije: "Maestro, sus mezquita / en el valle distingo claramente, / rojas cual si salido de una fragua / hubieran." Y él me dijo: "El fuego eterno / que dentro arde, rojas nos las muestra, / como estás viendo en este bajo infierno."

Margen, espejo. Poesía chilena y marginalidad social

> ahora tú tiemblas como si te masturbaras o permanecieras bajo la luz de una vela una nebulosa
> te inventas que proteja tu cuerpo. (44)

La ficcionalización impuesta por la dictadura fragmenta el cuerpo del sujeto, es decir, lo fetichiza: "La Concepción te inventa una nebulosa / fragmentaria lo inventado es parcial" (44). En otras palabras, la mentira institucionalizada tritura los cuerpos de los ciudadanos y los pone a la venta. Éstos, para protegerse de esta verdad intolerable, prefieren quedarse en el ensueño de la misma nebulosa que el poder ha creado para atontarlos. Se trata, por lo tanto, de una percepción de la circunstancia histórica en los términos de una experiencia traumática padecida en el cuerpo, de la cual es difícil o imposible hablar y que de hecho despedaza la psiquis del sujeto. De esta forma, el cuerpo de "el oscuro", victimizado por el efecto aniquilador del miedo, o bien insinuándose lentamente en el otro cuerpo en el acto del amor, es el único sujeto posible de la testificación. Su discurso, tan engullido y orgánico que casi no se oye, permanece en su garganta o depositado en el oído de la persona amada.

El parroquiano

Al tercer locutor lo vemos aparecer como personaje en un bar en el poema titulado "Yugo Bar" (32). Los parroquianos toman con los codos apoyados en el mesón, lanzando miradas oblicuas a las jóvenes prostitutas que dentro de poco los acompañarán. De pronto uno de ellos se da la vuelta y mira; no se dice qué ha visto, pero sí se informa sobre la sensación que le deja: un "gusto a papas crudas / en la lengua". Es un locutor propuesto como el ciudadano común y corriente, el *unus tantum*, sin particulares heroísmos, pero dotado de cierto sentido común. La sección de poemas que sigue, titulados todos "Orompello" con numeración progresiva, define su territorio.

Inmediatamente percibimos cómo el parroquiano es un personaje sociolécticamente connotado, siendo que su forma de hablar se evidencia como influida por la oralidad y el uso de la jerga popular, en expresiones como "el otro día nomás esperaba micro en la esquina", "no nos van a venir ahora con que", "lo digo", "pero juro". Este locutor, además, no da muestra de mayores dones intelectivos ya que lo llama una voz, como antaño a los profetas, invitándolo a presenciar la epifanía de un caballo amarillo al tranco en la calle —versión degradada del jinete del Apocalipsis— y él no logra comprender. Sin embargo es el único que, en su simpleza, reitera una y otra vez la duda acerca de la verdad oficial bajada como un hechizo sobre la ciudad:

> No me van a decir ahora que Orompello es un puro símbolo echado sobre la ciudad
> y las casas siete casas con puertas de oro
> y las putas siete putas vestidas con ropa blanca. (34)

Notamos una negativa a conceptualizar a partir del símbolo, a interpretarlo, si esto supone normalizar lo que lo sostiene, y, por tanto, contribuir a la mistificación de la experiencia. La actitud del locutor parroquiano, por el contrario, está volcada al descubrimiento empírico de los hechos.

En el poema "Orompello II" (35), el locutor conduce a unos hipotéticos visitantes —los locutarios en el rol de personajes del poema— en un *tour* por la calle prostibularia, como un guía turístico atento a los detalles que los demás no ven. Junto a ellos espía, a ras de tierra, la persistencia de los cuerpos prostituidos en el ejercicio inmemorable del amor desde el "Paleolítico Superior" hasta el presente. En las huellas dejadas en la pared en la cual esos cuerpos esperaban apoyados, y en la geología misma del muro, el locutor presiente una temporalidad peculiar: una ciclicidad que no merece registro en la historia cronológica oficial, pero que le gana a esta última gracias a su circularidad orgánica y fértil incrustada en lo mineral. En los poemas sucesivos el locutor presenta su testimonio acerca del asesinato de dos prostitutas con un modelo retórico diferente para cada caso: un interrogatorio en el primero y una demostración inductiva en el segundo. El efecto es el mismo: la

Margen, espejo. Poesía chilena y marginalidad social

contraposición entre la versión encubridora y la realidad de los hechos. En el segundo poema de la serie el locutor, como para tranquilizarse a sí mismo y a los interlocutores, afirma reconocer en un bulto tirado en la calle nada más que una muñeca de trapo; luego, pasa a hablar de unas costillas: el bulto resulta ser el cadáver de una prostituta. Este reconocimiento se produce junto con el locutario, el público de la demostración, quien se vuelve cómplice. "Pero ahora fíjense", "ahora fíjense" (39): los oyentes (y, a través de ellos, los lectores) son convocados a la testificación en un sentido jurídico, como testigos oculares. La ironía es otro recurso retórico que funciona en el sentido de inducir en el locutario una respuesta coherente —y testimonial— con respecto a la verdad de lo sucedido. Ésta asoma a lo largo de todo el poemario, pero, mientras por lo general se trata de irrupciones, a nivel de la expresión o de los referentes, de elementos inesperados con efecto de contraste, en el caso del tercer locutor la ironía lo define como personaje análogo al *eiron* de la comedia griega: un tipo popular pícaro, petulante, bufón, que desarma las intrigas del poderoso. Además, la ironía, en su acepción socrática, se vuelve también método eurístico y mayéutico, en el que un fingimiento de ignorancia inicial, o de confianza en la versión aceptada por parte del locutor, es funcional a hacer bajar las defensas prejudiciales de los interlocutores y a capturarlos desde la complicidad en el recorrido hacia la verdad.[19]

No es para nada casual que la instancia escritural designe precisamente esta voz un tanto cómica, un tanto burda, como la que dará la estocada más directa a la mentira oficial. Testigo incontrolable e imprevisible, ya que es el más autónomo y definido entre los tres locutores, el parroquiano proporciona unas coordenadas espacio-temporales —"acá al Sureste de la ciudad / a la hora de la amenaza" (38)— que, si bien metafóricas, conllevan un impacto mucho mayor

---

[19] Cfr. Pierre Schoentjes, *La poética de la ironía* (2003). La ironía es *inversio verborum*, según la *lectio* ciceroniana, e implica expresar lo contrario de lo que se piensa, o fingir creer lo que no se cree en realidad. En ella hay una tensión deóntica —o sea de transformación de la realidad— debida al hecho de que siempre acarrea un juicio de valor.

que las otras declaraciones de los demás locutores porque se atreven a establecer un "ahora" y un "aquí" inconfundibles con otros tiempos y espacios. A su cargo está también el cierre del poemario, en el que se complementa y concluye la denuncia: el locutor declara que el espacio nacional es nada más ni nada menos un "baldío" (50), en el que quizás lo único que quede por hacer es, becketianamente, esperar en la esquina una micro que nunca llega.

El poder contaminante del cuerpo prostituido

Como hemos visto, Orompello es el margen: el límite donde se rozan lo lícito y lo ilícito, el síntoma y la verbalización, la verdad y la ficción. En este lugar los cuerpos de los locutores se rozan con los cuerpos de las prostitutas, símbolo de la marginalidad. El acto de testificación encuentra en estas figuras una materialidad orgánica y contaminante que complementa la palabra de los locutores.

Las prostitutas de Orompello no hablan. Son meros cuerpos que se someten pasivamente al albedrío de la sensualidad o de la violencia masculina. Introducidas en la escena del Yugo Bar, las prostitutas son representadas como títeres sonrientes y sin personalidad, presas de la mirada interesada, ya vuelta tacto sobre la lengua, de los hombres: "asomadas brillantes a los lamparones cerveza / y vino / niñas amarillas de saliva refractadas" (32). Sus colores son de luz y brillo: el amarillo de la cerveza, el tenue resplandor de la saliva, el blanco de sus vestidos. Están asociadas con la idea de pureza, a través de la imagen de la vestal y del lirio. Este último recuerda la Anunciación a la Virgen María, de modo que, junto con el adjetivo "vaginal", sugiere la idea de la virginidad. El verso "Y las putas no tienen la culpa. / Solo cumplían con su deber" (34) completa la interesante inversión del *cliché*: las prostitutas no son mujeres degeneradas ni vulgares, sino luminosas, puras, vírgenes, sagradas, inocentes. El hecho de que sean presentadas como adolescentes impúberes no hace sino aumentar el estridente contraste con su condición decaída posterior al desfloramiento.

Margen, espejo. Poesía chilena y marginalidad social

Exprimidas hasta que "sus tetitas de perra joven" caigan "como ubres de vaca vieja" (37), se vuelven prueba indeleble de la violencia, a menudo macabra, que habita el barrio prostibulario. El poema "Orompello III" (37), por ejemplo, describe el cadáver de una prostituta que ha sido pintada a brocha gorda con tinta dorada, como en la película *Goldfinger*. Si el color dorado de la pintura mortífera adquiere un valor de sofocación, simbolizando la capa de ficción que condena la ciudadanía entera a una lenta e inexorable asfixia, la exhibición de la desnudez en su desamparo y vulnerabilidad absoluta parece ser la única arma de ofensa que le queda a la víctima. En otras palabras, frente al abuso sádico del poder, que incluso parece gloriarse de su acto, mediatizándolo en la prensa ("FEROZ ACTO DE SODOMÍA –dirá en los diarios–"), el único reducto de dignidad y resistencia es la corporeidad en su nivel más básico, biológico: "trémula de casi nada", tan solo de su testificación orgánica. Hacia el final del poema, el color de este cuerpo abusado vira, de hecho, al "color de la tierra", que en la economía cromática de la obra simboliza la supervivencia tácita y la esperanza de una posible regeneración.

El color de la tierra se matiza ulteriormente en otro poema, "Orompello II", en las gradaciones del "negro, ocre, café" de los halos dejados, a lo largo de las generaciones, en los muros de la calle prostibularia por las espaldas de las prostitutas, allí apoyadas a la espera de sus clientes u oprimidas por el peso transitorio de cuerpos masculinos. Son "signos contagiados de amor" que a su vez contaminan el barrio y, de allí, la ciudad. El poema resuena con la repetición del mismo término clave: "contagiarnos de amor", "era un contagio de amor", "contagiándose de mal amor" (35). El potencial de lo orgánico desarrolla aquí el efecto testimonial pasivo del cuerpo, tachado en el asesinato pero imposible de borrar del todo, hacia una activa contaminación que cruza las fronteras trazadas entre cuerpos abyectos y cuerpos aceptables, entre víctimas y victimarios. Es más: aunque los cuerpos de las prostitutas, innumerables e innominados, estén condenados a no ser recordados en la *historia rerum gestarum*, las manchas orgánicas de las secreciones vaginales y del sudor, junto con la sangre cuando la violencia irrumpe, embeben "la geología de los muros" integrando un ciclo vital mucho más abarcador. Una temporalidad sin medición posible refunda constantemente la ciudad según leyes ajenas al derecho oficial y a su anverso, el estado de excepción, vigentes tanto en la contemporaneidad de la dictadura como en todos los actos de prepotencia del pasado.

De esta forma Orompello, y la comunidad nacional a través de él, se descubre literalmente fundado sobre el sedimento paciente de los cuerpos de la abyección, indiferente a las distinciones éticas y a los heroísmos improvisos. El amorfo y tácito confundirse de las prostitutas muertas con las vivas, del semen con la sangre, del abuso con el amor, en una temporalidad cíclica para la cual "no habrá historia final" (36), esto es, interrupción posible, reduce por contraste las acciones humanas, tanto las buenas como las malas, a una dimensión nimia, sin relieve. Contrariamente a los ejemplos de oposición explícita y puntual de los personajes masculinos como Luciano Cruz y Sebastián Acevedo, que representan un hito en la memoria de una comunidad, pero que están asociados con el agua inservible, estéril, de la eterna lluvia penquista, la presencia intemporal de las prostitutas significa regeneración. Su agua es "el agua inmóvil en los charcos", el caldo primordial desde donde brota la vida, la única en la que logra reflejarse "un cielo amplio y estrellado" (47) de esperanzada memoria dantesca –"Y entonces salimos y volvimos a ver las estrellas" (Canto XXXIV *Infierno* v. 139); sus cuerpos contienen la promesa del "milagro oscuro", que transforma las costillas de un cadáver en raíces que penetran, profundas, en la tierra: "Ahora fíjense en el milagro oscuro de las costillas / entrando a la fuerza en los peñascos sucios / donde la tiraron a dormir / hasta echar raíces" (39).

Margen, espejo. Poesía chilena y marginalidad social

Las palabras también sangran

El lenguaje orgánico y mudo del cuerpo, a pesar de ser atributo precipuo de las prostitutas, pasa sin embargo a integrar y darle espesor al habla del locutor denominado como "yo personal", el que más de cerca se relaciona con las mujeres, en su declinaciones de "el poeta" y "el oscuro". Con él, tal lenguaje se "fluidifica" literalmente en secreciones corpóreas en las instancias del erotismo y de la expresión artística. En la plétora del sexo, como observa Bataille (*El erotismo*), se da la crisis de la singularidad y el surgimiento, gracias al intercambio de fluidos y corrientes profundas, de una sensación de continuidad y soldadura con otro ser humano. Sin embargo, la otra cara del *éros* es *thánatos*, la muerte. Si volvemos a la escena de amor del poema "Hotel King I (Genet)" (44) revisada anteriormente, un detalle de la organización retórica denota el entrelazarse casi indistinguible entre estos dos aspectos:

> La muerte está atenta –me señalas:
> vivo el ojo al charqui –y me sonríes.

A través de un paralelismo sintáctico y visual, que pone en la contigüidad de los cuatro hemistiquios la muerte en el primer término y la amante en el segundo, la instancia escritural sugiere que el acoplamiento en realidad se está llevando a cabo no solo bajo la mirada rapaz de la muerte, sino, en una suerte de danza macabra, con la muerte misma. De hecho, el poema termina con la siguiente situación: "Ahora ella entra en escena. / Sus muslos son tibios y aguijan mis ijares. / Hago un esfuerzo para no dar de coces y relinchar". La muerte reduce el personaje del enunciado poético a un animal que se cabalga y se posee sexualmente, una alusión a la violación masculina. Queda sugerido, aquí, un paralelo con otra situación ya mencionada anteriormente, la reducción del locutario a un imbunche que no puede hablar y su sodomización por parte de las zonas de peligro (en ese caso manifestación de la *longa manus* del poder) del poema de apertura.

La imagen del imbunche contiene en sí la resistencia y rebelión de estos dos locutores. Según la tradición, los imbunches son "monstruos aparentemente indefensos, repletos de miedo, debilidad y desamparos pero que poseen en su hermético interior algo oculto y que no pueden manifestar, puede ser algo terriblemente poderoso, como la lava que descansa bajo el volcán aparentemente apagado" (Uribe 247). En el caso de "el oscuro", este magma secreto coincide con el empuje que lo guía a la insaciable búsqueda del cuerpo de otra persona en los márgenes de lo ilícito; que lo impele hacia el sosiego –aunque frágil y momentáneo– del amor, momento en que se puede establecer una intimidad comunicativa, un equilibrio osmótico de fluidos bullentes, peligrosos, demandantes, entre seres desesperadamente necesitados de comprobar que todavía están vivos y sienten deseo. Esta misma corriente de sustancias orgánicas se vuelve, por otra parte, posibilidad de expresión artística en la perspectiva de "el poeta". El poema "Zonas de peligro", en el que se encuentra la declaración poética más explícita, termina así:

> esta página en blanco comenzada a manchar
> la mancha roja sobre el puro blanco
> el blanco sin intersticios para detenerse a
> respirar   jadear
> largas y angostas fajas de sangre
> largas y angostas fajas de semen
> largas y angostas fajas de baba
> largas y angostas fajas de lluvia
> arrastrando las cenizas todas hasta los desagües
>   los desagües. (41-42)

La escritura se connota como mancha en la fachada de la versión oficial del poder; como resultado de un abrirse del cuerpo a través de sus orificios y necesidades básicas, del supurar de sus heridas; como contaminación inevitable por parte de un organismo que en razón de la pura supervivencia –el ejercicio de la respiración– se relaciona con un exterior y allí suelta sus líquidos orgánicos. En este sentido, se puede pensar en la noción de perversión como táctica de interacción con el poder, no mediante una posición de rotunda impugnación que finalmente resultaría estéril, sino justamente a través del contagio, de un lenguaje sintomático, pulsional y orgánico que contamina la fachada dictatorial y, aprovechando como el musgo

Margen, espejo. Poesía chilena y marginalidad social

las grietas y las pequeñas irregularidades de la superficie, la disgrega de a poco haciendo de la ambigüedad su arma más eficaz y de lo supervivencial su inversión al futuro.

3. Lumpérica, *de Diamela Eltit: la mostración performática*

La trama de *Lumpérica*, de Diamela Eltit, es en sí misma mínima: una vagabunda, L. Iluminada, se exhibe en una plaza nocturna bajo la intensa luz de un cartel comercial realizando una serie de acciones performáticas sobre su cuerpo, al límite entre goce y crueldad. Por una parte, se autoinflige heridas: estrella su cabeza contra un árbol, se quema una mano, suelta un grito desgarrador, cae en el suelo, se rapa la cabeza. Por otra, se entrega a un placer compulsivo: se masturba, saborea cada detalle de su entorno y de su cuerpo, desde las hebras de pasto hasta la humedad de la lluvia y los pelos erizados de sus propias piernas. L. Iluminada se conecta con sus estados anímicos y sus pensamientos a través de la expresión del cuerpo, pero no los verbaliza.[20]

El espacio de una noche, el perímetro de una plaza, un solo personaje principal que no habla son límites compositivos que la autora se impone para que se extreme al máximo el potencial de exposición y exhibición de la protagonista. Eltit comenta en una entrevista:

> ¿Qué podía hacer esta mujer, sino extender hasta el paroxismo su narciso? Y lo que hice fue precisamente que funcionara este narciso: suponer que los árboles te miran, que los faroles te miran, que si viene alguien cómo lo vas a saludar. Ese accionar el narciso supone mostrarse, mostrarse, mostrarse; es decir, amarse, odiarse, descomponerse, titubear, lamentarse,

---

[20] Las únicas frases, mínimas, que le son atribuibles, aparecen en el texto entre renglones, como si se sustrajeran al discurso directo que normalmente es señalado a través de comillas o introducido por un solo renglón.

excitarse, etcétera. En el fondo, *Lumpérica* es la exposición de un personaje hasta el paroxismo: ése es el tema. (Piña 236)

El nombre de la protagonista, "Iluminada", confirma esta fascinación por la mirada. El término podría referirse al hecho de que la protagonista resulta encendida por su propia mirada, la mirada de los pálidos (el grupo de pordioseros que la acompaña en la plaza), del locutor y de la instancia escritural, de los lectores vueltos espectadores, en un juego de refracciones que asume a menudo connotaciones perturbadoras. Se trata, por lo tanto, de un movimiento que empieza con el impulso narcisístico de la protagonista, como sugerido por la misma autora, y que acaba por convocar un círculo de miradas mucho más amplio y complejo.

Podemos interpretar tal visibilización forzada sobre la protagonista a partir de la combinación de dos conceptos complementarios: el de mostración y el de *performance*. Derivamos el de mostración de la categoría de figuración planteada por Roland Barthes. Según el autor, la figuración correspondería a "el modo de aparición de un cuerpo erótico" (*El placer* 90) a través del texto. Este fenómeno se produce, según el autor, cuando en la obra aparece la figura de autor; cuando un personaje ejerce una atracción casi física sobre el lector; o cuando "el texto mismo [...] puede desplegarse bajo forma de cuerpo, disociado en objetos fetiches, en lugares eróticos" (90). El autor, un personaje o el texto mismo se exponen como figuras tangibles, como cuerpos que se muestran, que se materializan frente a la mirada ajena en la mostración. Las torsiones y contorsiones seductoras de L. Iluminada, replicadas —como veremos— por el mismo tejido textual, además de someterse a la economía visual según lo indica la relación etimológica más obvia con el término "mostrar", son elementos que evidencian el protagonismo absoluto de la corporeidad y del deseo en la obra.

El concepto de mostración se complementa con el de *performance*, que será nuestra segunda clave de interpretación. La transformación del sentido en sensación, la centralidad del cuerpo, la interacción con el público y la exacerbación del rol del significante (Lehman 148),

Margen, espejo. Poesía chilena y marginalidad social

son solo algunos de los aspectos que potencialmente constituyen un terreno de diálogo entre *Lumpérica* y esta práctica artística. A pesar de que en la literatura la producción de presencia de la *performance* está siempre mediada, *Lumpérica* activa entre texto y lector una interacción similar a la que se encuentra en el arte performativo. En particular, "obliga" al lector a mirar las automutilaciones y el autoerotismo de la protagonista, lo pone a prueba testando tanto su umbral de tolerancia frente al sufrimiento ajeno como su dominio sobre la atracción morbosa desencadenada por el espectáculo. El circuito de las miradas, por otra parte, se concentra en un sujeto cuya identidad es cambiante y proliferante como en una *performance*, pero esconde una tensión hacia la depuración y lo neutro interpretable como autodisciplina del actor.

Los vagabundos posan

En una de sus reflexiones sobre su producción artística, Diamela Eltit declara haberse interesado en la figura de los vagabundos por el hecho de que parecían reducirse a una "violenta exterioridad" (*Emergencias* 167) que invocaba sobre sí la mirada de los demás ciudadanos. En las palabras de Eltit, "[los pordioseros] estaban dispuestos así para la mirada, para obtener la mirada del otro, de los otros [...] todo ese barroquismo encubría la necesidad de conseguir ser mirados, ser admirados en la diferencia límite tras la cual se habían organizado" (167). Excluidos del circuito monetario, los vagabundos ofrecían así su única mercancía posible, la autoespectacularización, en un intercambio con el ciudadano fundado en el placer estético. Esta reflexión nos permite plantear la importancia, en *Lumpérica*, de la pose, entendida como presentación del cuerpo en "su aspecto material, su inevitable proyección teatral, sus connotaciones plásticas" (Molloy 129-30). Los cuerpos de los pálidos y de L. Iluminada no se disponen al azar, sino que mantienen siempre alerta la conciencia y el control estéticos sobre sus propios cuerpos, con el objetivo de transformarse en blancos de la mirada de los ciudadanos "normales" y obtener a cambio existencia y deseabilidad. La protagonista, de hecho, se da cuenta de que "[e]lla en el medio del artificio tal vez tampoco era real. [...] Se levantó y miró sus manos, sus pies, sus vestidos. A ella ¿quién la contemplaba?" (213). El espectáculo que abarca la extensión de toda una noche, o quizás de innumerables noches en una, es insensato, inútil, si no se da la presencia del espectador, de una mirada externa que se sobreponga a la autocontemplación narcisista de L. Iluminada y la complemente.

Solo en función del "placer de la mirada" (9) se acomodan en sus poses abigarradas o hieráticas los personajes; solo para conseguir la aprobación de un espectador se constituye la plaza como escenario fantasmagórico. Lo que en el día es una normal plazoleta de barrio, en la noche, bajo la luz de los faroles, se transforma en espacio para la representación, limpiado y preparado por L. Iluminada con el cuidado reservado al espacio teatral o a un *set* cinematográfico. En la general falsificación y ficcionalización impuesta a la ciudad, la plaza se vuelve "respiradero" (41) que permite tomar bocanadas de oxígeno y libertad; se constituye en el "único paisaje verdadero" (96) a pesar de coincidir con la impostura por excelencia, la del teatro o la del cine. Las numerosas referencias al frío y a la incomodidad de sentarse en el pasto o en los bancos, bajo la lluvia o a la luz inquisitoria de los faroles, son constancias de la insoslayable intrusión de lo real, y problematizan aún más el posicionarse de la plazoleta –obvia sinécdoque de la situación nacional– en el hilo de la ficción. De hecho, entregan lo que ocurre en ella, más que a la nitidez exacta y distante de un producto artístico acabado, a la dimensión provisional de un *set* cinematográfico con su *back-stage* donde las erratas y las tomas falladas conviven con el material definitivo, la fatiga y el esfuerzo con las actuaciones inspiradas, la ficción con las sensaciones reales de sufrimiento.

Este espacio definido desde el ámbito del espectáculo acoge la conducta anómala de unos cuerpos que se desentienden tanto de las normas de conducta como del toque de queda. Se trata de mendigos:

Margen, espejo. Poesía chilena y marginalidad social

> La gente les teme y evita que sus hijos se les acerquen. Son presencias amenazantes, no solo por el peligro de agresión, sino por un posible contagio de alguna enfermedad que se pudiera extender por roce o cercanía. […] Se saben alejados del resto. Pero, sin embargo, están con la propiedad que les otorga el lugar público. También es notoria su indiferencia para el resto y su enorme capacidad de desconexión con el entorno. (53)

Los pordioseros, sea a través de su indirecta acción "contaminante", sea por el hecho de representar una abierta contradicción con el modelo social existente, basado en la productividad, el orden y el aseo, encarnarían entonces una amenaza que sin embargo es difícil de definir, de circunstanciar como infracción. Esta amenaza se manifiesta más bien en el sentimiento ambiguo de desconfianza y repulsión por parte de los demás ciudadanos. En la dimensión nocturna de la plaza, sin embargo, el estatuto social de los pordioseros cambia. Adquieren un dominio sobre el espacio que con la luz diurna les había sido negado, y entran en la lógica de una violenta exterioridad teatral proponiendo un insólito trueque: si el poder autoritario, que ejerce su voluntad de control panóptico a través de tanto despliegue de alumbrado, exige conciencias y cuerpos amaestrados y amansados, los ciudadanos desclasificados se ofrecen, con sesgo casi paródico, como escrupulosos actores que conocen su papel a la perfección.

El cerco de las miradas

La mirada que se centra en este espacio y en estos personajes es organizada según la lógica de la *mise en abîme*. A un nivel más externo, el ojo escritural coincide con el objetivo de una cámara que avanza y retrocede —"como un zoom es la escritura" (107)— o vuelve una y otra vez sobre las mismas escenas desde diferentes puntos de vista:

> La escena contempla nada más que la construcción de la pose en donde el lumperío y L. Iluminada, en un trabajo experimental con sus cuerpos frente a la cámara, llegan a construir estéticamente en el lapso de tres minutos, una mirada admirativa sobre ellos. Una mirada mediada por la

cámara que los asedia y en la cual, por lo bidimensional de los efectos de luz, sometan y se sometan ante los otros en los logros de su belleza. (16)

La mirada acosadora de la cámara manejada por la instancia escritural y mediada por la voz de un locutor que la representa contiene en su interior las miradas que proceden desde algún punto no bien definido de la oscuridad que circunda la plaza. Éstas se pueden atribuir a "la extranjería del ojo ajeno a la plaza" (122), perteneciente tanto a un poder hostil e indagador como a la comunidad convocada en un asedio escópico. En un nivel más interno está el retículo de miradas que intercambian, a lo largo de toda la narración, los personajes del relato: L. Iluminada, los pálidos y el cartel comercial denominado "el luminoso". A menudo se producen remolinos visuales que confunden la distinción entre sujeto y objeto de la mirada: "Se desplaza con rapidez hasta que el vértigo de la mirada permite solo la observación de fragmentos. Como un travelling su mirada. Pero también se extenderá la otra mirada y ella será consignada como la que mira" (34-35). Finalmente, encontramos, en el centro, la mirada narcisista y autoerótica de L. Iluminada, que se celebra en sus partes anatómicas mientras goza de ellas. En el foco se encuentra, por lo tanto, lo que se sustrae por definición a la mirada, lo obsceno[21] de un goce reiterado compulsivamente. La insistencia en el placer que la mirada exige se dispara, desde este núcleo íntimo y sobreexpuesto a la vez, hacia todos los demás círculos visuales. La mirada que circula o se remansa en los escalones concéntricos de *Lumpérica* resulta ser, así, agudamente erotizada.

Una mirada que contamina y pervierte

Encontramos un ejemplo interesante de esta erotización de la mirada, con consecuencias contaminantes, en la relación visual entre L. Iluminada y el luminoso. La protagonista se somete a los rayos del

---

[21] Según el étimo latino, "obsceno" es algo que cae fuera de la escena, en este caso la escena de la mostración.

Margen, espejo. Poesía chilena y marginalidad social

cartel comercial asumiendo una actitud que alude explícitamente al coito: "[p]odría ser –tal vez– el Amado por lo masculino de su grosor que al llamarla la asedia para poseerla, a esa vaga que yace tirada en la plaza, evocando con sus indecentes movimientos quizás qué sueños de entrega" (14). Sin embargo, en un punto, los papeles se invierten, y es L. Iluminada quien intenta someter al luminoso a su hechizo de hembra en celo:

> Pero, ¿cómo se tienta a la luz eléctrica? ¿bajo qué mecanismo la perturba?
> Si relincha, si muge o brama, si se estira perezosa como gata, si se arrastra como insecto bajo los bordes del farol, si croa, si pía ¿logrará efecto? ¿hará que ese cable la cabalgue? ¿interrumpirá la luz, por un momento? (71-72)

El cartel luminoso pierde así su valencia puramente mercantil para acceder a otro tipo de economía, la erótica. L. Iluminada, a través de su mirada desde abajo, lo desviste hasta tocar su esencia, lo ve como una entidad despojada de cualquier función práctica que no sea la de erigirse en la ciudad para su exclusivo placer. El extraño poder de L. Iluminada frente al luminoso se juega también en la caracterización física que la protagonista añade a la mirada tendencialmente fría y desapegada de este último. L. Iluminada expone bajo el ojo artificial del luminoso la sangre de sus heridas abiertas en que sus dedos hurgan casi con deleite, el sudor producido por las convulsiones que la arrastran de un extremo a otro de la plaza, las secreciones vaginales de sus arrebatos eróticos. Éstos y otros fluidos corpóreos contaminan de sí la mirada que se proyecta desde lo alto en nombre del control autoritario. En otras palabras, exhibiendo como única opción visual el espectáculo de lo abyecto, fuertemente teñido de erotismo, la protagonista obliga al ojo que domina simbólicamente el espacio de la función a implicarse, a comprometerse con aquél. La mirada acaba por dejar atrás su supuesta inocencia y, al mismo tiempo, resulta menoscabada en su naturaleza ontológicamente abstracta y desapegada.

El lector frente a la performance: de espectador a vicario

Una dinámica análoga se repite en relación con el lector. El espectáculo organizado por L. Iluminada e iluminado por el ojo del luminoso se dirige, en última instancia, a la admiración del lector: "[e]stá sola y por eso su actuación es nada más que para el lector que la lee, que participa de su misma soledad. Enfrentarán mirada a mirada, pensamientos enfrentarán y solo por eso habrá que inventar el placer que se ha evadido" (109). La relación visual entre personaje y lector se resume en una dolorosa seducción recíproca. El lector es convocado en el texto a través de específicos dispositivos retóricos que crean un hueco, disponible para ser ocupado por diferentes identidades. Los pronombres se encargan de recortar tales casillas vacías: "el que la escucha insiste en los quejidos, el que la mira sufre de tanto descaro, el que la lee lineal ritual persigue, el que la piensa desea sus arcadas" (63). El deíctico "ése" (16) de la primera toma apunta al ciudadano común y corriente, que se deja tentar morbosamente por la cercanía del cuerpo abyecto. Finalmente, en los capítulos donde se describe el interrogatorio de un testigo ocular que intervino accidentalmente en la performance de L. Iluminada,[22] la figura del interrogado no es identificada con un nombre propio. El interrogado confiesa haber interferido en la escena por "simple curiosidad" (149), atraído por una supuesta complicidad de miradas, por lo cual desvía su camino para "pode[r] mirar de cerca" (149) a L. Iluminada.

Asegurada de este modo la conexión con una mirada externa a la diégesis narrativa, la retórica de la mostración pone a prueba el aguante de esta misma mirada. L. Iluminada se ofrece como yegua

---

[22] Los capítulos 2 y 7 se diferencian del resto de la obra por situación, personajes y carácter de imprenta. "El que interroga" impele "al que es interrogado" para que confiese lo que sabe sobre la utilidad de la plaza pública, sobre sus ocupantes y sobre su supuesta intervención en socorro de L. Iluminada cuando ésta cae. El interrogatorio se convierte de a poco en reflexión sobre la ficcionalidad de la escena, y los roles se invierten. La tensión es mantenida a lo largo de toda la escena a través del intercambio de miradas entre los dos personajes.

Margen, espejo. Poesía chilena y marginalidad social

para ser cabalgada, y dos son los jinetes: "el jinete propio y el otro que la apunta con la cámara" (75). El lector puede colocarse al lado de quien maneja la cámara –la instancia escritural– y practicar el voyeurismo desde una posición privilegiada, jugando con el zoom para dominar sexualmente a L. Iluminada a través de la mirada. Este juego se transforma pronto en una tortura: la mirada mide a la protagonista en cada uno de sus signos vitales, latidos, quejidos; la hurga en sus heridas, en sus refrotes estáticos, en sus innumerables poses. La consigna para la cámara es "insistir en esas mismas caras marchitas/macilentas" (16) de los vagabundos, acosarlas sin dejar ningún lado sin mostrar, sin examinar, sin tentar eróticamente.

Esta dinámica de exposición forzada e integral, sin embargo, al ser reiterada a lo largo de toda la obra, se revela como una tortura al revés: el lector se descubre atrapado en su privilegio escópico y es obligado a asistir a las automutilaciones de L. Iluminada sin poder abandonar el escenario del cual ya es parte. No puede cerrar los párpados y huir de la visión ominosa de lo obsceno. Es más: el locutario-voyeur es interpelado directamente y acercado peligrosamente a una microscopía de los detalles más erotizados: "Percátate nada más de su vello púbico en la cara del refrote. [...] ¿Qué me dices de sus pechos macilentos?" (112). Se trata de una situación cercana a la que encontramos en la *performance*, y que se da cuando los *performers*, al proponerse como víctimas, obligan al público a sentirse culpable por su participación (Lehman 137).[23]

---

[23] El lector, como espectador, además de medirse con el inquietante poder de su propia mirada, termina a su vez siendo co-partícipe de las varias sesiones de auto-agresión, exactamente como el público de la *performer* serba Marina Abramovich se sentía compelido a acompañarla a lo largo de sus extenuantes performances, interviniendo activamente en su desarrollo: en *The lips of Thomas* (1973), por ejemplo, cuando ya no podía tolerar los sufrimientos de la artista, decretaba el fin de la función bajando a la artista de la cruz de hielo. La *performance*, presentada por primera vez en 1973 en la galería Krinzinger, Innsbruck, consistía en que la artista comiera un kilo de miel con una cucharita de plata, bebiera un litro de vino y rompiera el vaso con su mano, trazara una estrella en su barriga con un fragmento de vidrio, la hiciera sangrar mediante una estufa colgada en el cielo raso mientras su cuerpo se congelaba extendido sobre una cruz de hielo.

El lector, en *Lumpérica*, termina por sobreponerse, de forma vicaria, a la figura marginal que le inspira atracción y temor: la *performance* llega aquí a su grado más intenso. En la primera toma (cap. 1), el lector que se instale en el espacio abierto por el deíctico "ése" experimentará la mirada en términos sexuales: "Y ése entonces –sudando– apretará las piernas porque su penetración más que júbilo sería el tizne blanco" (16-17). Luego se dejará seducir por el asco que le provoca la infección del cuerpo abyecto, trasformando la mirada en tacto:

> Porque ése intuye las piernas ulceradas y cuyas manos, mientras la noche avanza, bajan los pantalones para recorrerse una a una las llagas abiertas que ya no responden a ningún tratamiento / vendadas con tiras sucias para evitar la fricción con el género que las cubre y por esto, al sentirlas junto a su piel sana, esas mismas piernas supurantes lo mancharán de nuevo en su limpieza, en el cuidado incesante que cualquiera se prodiga. Pero en fin, por pantalla, el terror y el deseo de la propia blancura y sanidad se manifestará como errata y entonces dejará ir sus pasos hacia la plaza pública, elevará sus ojos hacia el luminoso, se aligerará de ropas, abrirá sus piernas tendido de espalda en el cemento y de deseos se habrá consumado en otro, hasta que el mismo cemento, por el dolor de la pose, le rompa la piel y ése entonces se verá en cada una de sus llagas y la piel decorada brille con la luz del luminoso y solo así sepa verdaderamente de alguna clase de vida. (17)

La distancia que el sentido de la mirada de alguna forma garantizaba se ha disuelto en otros sentidos más primarios, y la supuración de las heridas infectadas devora la blancura de la piel del ciudadano-modelo quien, según las normas de buena conducta, debería cuidar su aseo. El alcance de esta infracción de límites corporales producida por los fluidos se hace aún más desestabilizante en un contexto como el dictatorial, donde, como explica Magda Sepúlveda, la higiene personal tiene una importancia y un valor que va más allá del propio acto de limpieza, de modo que la mancha de fluidos y humores corporales se vuelve sinónimo de "deseo de derrame, deseo de incontinencia en un país represivo" ("Metáfora de la higiene" 70). Este deslizamiento progresivo de la separación de los cuerpos, regulada por la mirada voyeurística, hacia la fusión

Margen, espejo. Poesía chilena y marginalidad social

orgánica de los mismos por medio de la vicarización de dolor y goce, sanciona el cumplimiento de la *performance* para el lector: el sujeto escópico se ha dejado absorber en el objeto de su mirada para renacer a una vida más básica, más real.

Mostración del cuerpo del texto y del cuerpo del autor

En línea con la hipótesis de lectura de *Lumpérica* a la luz de la categoría de mostración performática en analogía con la figuración barthiana, podemos deslindar en la obra dos aspectos más: la aparición del texto mismo como cuerpo erótico y la mostración del cuerpo de la autora en los registros fotográficos de la sesión de cortes y quemaduras preparatoria a la *performance* realizada en el prostíbulo de Maipú, ahora traducida intermedialmente dentro de la ficción de la obra.

La caracterización retórica de *Lumpérica* en un sentido barroco nos devuelve un cuerpo-texto cargado de erotismo y materialidad. Descrita como una "escritura en trance" (Edwards 169), hasta el punto que parece suspender la diferencia entre goce y dolor, entre la *jouissance* y la tortura (Castro-Klarén 101), la obra manifiesta sus deudas con el barroco entendido como procesamiento pulsional del lenguaje que amenaza con devolver este último al regazo de la Chora,[24] especialmente en los umbrales que apuntan a la glosolalia,[25] a los cortes semióticos en la enunciación, a las "eructaciones" artaudianas.[26] No se equivoca Nelly Richard ("Tres funciones de

---

[24] Según la definición de Julia Kristeva, quien a su vez recupera el término del *Timeo* de Platón, la Chora es un receptáculo psíquico connotado como maternal y nutricio y situado en el inconsciente. En él el lenguaje se encuentra en su fase pre-verbal y se caracteriza por sus rasgos fónicos, tónicos, rítmicos, emocionales que confluirán en la dimensión semiótica del mismo. Se trata de un espacio indistinto, en perpetua mutación, con una profunda raíz corpórea, anterior a la Ley del Padre y a la dimensión simbólica del lenguaje.
[25] Según Giorgio Agamben en *El lenguaje y la muerte*, la glosolalia corresponde al uso intensivo del lenguaje, vaciado de toda referencialidad y reducido a puro significante.
[26] En 1973 Eltit empezó su especialización en el Instituto de Estudios Humanísticos de la Universidad de Chile, durante la cual, bajo la dirección del profesor Ronald Kay, practicó, más que estudiar teóricamente, las propuestas teatrales de Antonin Artaud.

la escritura") cuando relaciona el uso intensivo del significante con el autoerotismo: el texto se toca y se frota en sus múltiples vueltas, exactamente como lo hace L. Iluminada. La escritura se exhibe en una *performance*, análogamente a lo que plantea Lehman. Según el estudioso, el lenguaje en la performance pierde su función representativa y gana una expresividad fundada en la posición de los tonos, en la intensidad de los sonidos, en la urgencia de una comunicación sin un sentido reconocible. También el atravesamiento de diferentes géneros discursivos y artísticos, que se puede adscribir a la vocación experimental que Eltit derivaba de su participación en los proyectos de vanguardia del colectivo CADA, propone una experiencia del texto a partir de la reiteración intensamente significante de la *performance*. El juntarse de los rasgos tipográficos del ensayo con las anotaciones para la grabación, de las observaciones sobre los efectos estéticos de los cortes en los brazos con una foto de la artista sacada después de la *performance*, produce, una vez más, el efecto de un caleidoscopio vertiginoso de formas y colores, como enuncia una frase de *Lumpérica*: "& es náusea & vértigo" (202).

El otro aspecto de la mostración, concebida en analogía con la figuración barthiana del cuerpo del autor expuesto en la escritura, se visibiliza al pie de la letra en la sección que recoge y ficcionaliza los materiales de la *performance* en que Eltit se tajeó y quemó los brazos. La subjetividad biográfica de la artista se exhibe en su presencia física a través de oraciones exclamativas en primera persona, una foto, el cotejo punto por punto entre su cuerpo y el cuerpo de L. Iluminada, la escritura de su nombre propio. Se ficcionaliza aquí la tentativa del sujeto letrado de superponerse al sujeto marginal. Las exclamaciones en primera persona singular median el habla que brota de una posición subjetiva libidinal y biográfica en busca de una correspondencia directa, de una ecuación con el personaje: "Si yo misma tuve una herida, pero hoy tengo y arrastro mi propia

---

Esto le permitió obtener una nueva experiencia del lenguaje y del grito, ya que en la obra que se puso en escena, *Les Cenci*, ninguno de los jóvenes actores entendía lo que recitaba, y los cuerpos se movían desfasados con respecto a las palabras.

Margen, espejo. Poesía chilena y marginalidad social

cicatriz. Ya no me acuerdo cuánto ni cómo me dolía, pero por la cicatriz sé que me dolía" (19), o "cuando yo misma estupefacta me he sentido llevada de mí a sabiendas de lo que me esperaba, sola y encendida (ardiente estaba) y esta cara desencajada me auspició una única alternativa" (36).

La irrupción se hace más perentoria, como si los cortes performáticos se hubiesen mudado a la piel del objeto-libro, con la instalación de una foto como puerta de entrada a "Ensayo general", capítulo en el que justamente se describe la *performance* paso por paso. La foto retrata a una mujer sentada, los brazos vendados apoyados en las rodillas de modo que se vuelvan el fulcro de la imagen. La cabeza queda en penumbra, pero un lunar inconfundible en el labio superior izquierdo delata la identidad de la figura: se trata de Diamela Eltit, la autora del libro. El artificio retórico de la foto es cifra de carencia y desborde a la vez. Señala una ausencia en tanto se refiere a un acto que se ha llevado a cabo fuera del soporte del libro. Como señala Raquel Olea, "[l]a fotografía demanda al texto que se lea en él algo que le falta, una resta de sentido que vendría a ser construido desde otro lugar por la mediación de una imagen que habla una escena ausente" (186). Por otra parte, la foto es pletórica en el sentido de que realiza una hiperficcionalización del tema tratado, a través de una pose ya no solamente relatada en el lenguaje, sino presentada, exhibida en un cuerpo, el del yo biográfico y de la persona (en su acepción latina de "máscara") autoral. En el marco de la cámara fotográfica, la identidad se vuelve necesariamente simulacro, y el sujeto no puede sino imitarse a sí mismo, posar para configurar su "yo" (Barthes, *La cámara lúcida* 42). El sujeto de la foto es Diamela Eltit biográfica en su ser físico, pero en su dimensión de imagen puede "remitir más bien a otra ficción de identidad, como la de L. Iluminada o algún otro pálido de la plaza", como propone Eva Klein (132), o directamente señalar una tercera dimensión, en la cual la *performer* excede los límites de la identidad y encarna nada más que la herida.

La instalación biográfico-ficcional del yo de la artista es replicada en otra circunstancia: el cotejo miembro por miembro, centímetro por centímetro de dos cuerpos femeninos, el de la locutora que se hace soporte de tal punto de vista y el de L. Iluminada. La observación es científica, maniática, casi táctil, al borde de lo grotesco. La mirada es desafiada en sus domesticaciones, en sus costumbres perceptivas: "[s]us uñas de los pies son a mis uñas gemelas en su absurdidad, en el menoscabo que implantan para el ojo, demostrando así la domesticación de la mirada que no se detiene a clasificar sus funciones" (93). La coincidencia se desborda, finalmente, hacia otros aspectos: la absoluta inutilidad como individuo, la marginación, la pertinaz resiliencia. Sin embargo, una fractura inevitable compromete la perfecta superposición de los dos cuerpos. El texto concluye como sigue:

> Su alma es ser L. Iluminada y ofrecerse como otra.
> Su alma es no llamarse diamela eltit / sábanas blancas / cadáver.
> Su alma es a la mía gemela. (97)

La inscripción del nombre propio de la autora, sin iniciales mayúsculas, revela que la fuente de la autoridad enunciativa en su rol sociocultural, el autor, queda más acá de la línea de demarcación del privilegio –el *confort* de unas sábanas limpias y abrigadoras– pero también de la vida: ya es cadáver. La fusión casi mística con una idea de *otro* marginal, funcional a las inquietudes y proyecciones del sujeto de la enunciación, no se puede producir de ninguna manera, ni siquiera forzando el nombre propio fuera de su aura de poder, dentro del tejido de la escritura.

La performance identitaria: lo múltiple y lo neutro

Una última vertiente que podemos rescatar en *Lumpérica* a partir de la categoría de mostración coincide con los efectos que la exposición y espectacularización del cuerpo de L. Iluminada produce en su identidad. La exhibición "excesiva" de la protagonista le hace atravesar una serie de avatares: L. Iluminada se hace yegua, vaca, perra; y sucesivamente "la bailarina, la regente ocular, la espía, la damnificada, la víctima, la libidinosa anciana, la cortesana, la tapada por gasas, la chansonnier, la muchacha inocente, la abandonada: gemiría a la vez todas las poses, caminaría copiando las escenas" (118). La materia de su cuerpo se ductiliza para deslizarse de un umbral de intensidad a otro. Este estado permanente de ebullición que impide que el individuo cuaje en una identidad fijada, en un papel y una obediencia, puede ser leído como una reacción a la retórica del poder autoritario que determina roles y responsabilidades para los ciudadanos. Frente a la consignas dictatoriales acerca del rol de la mujer como esposa modelo y madre ejemplar, *Lumpérica* plantea la esterilidad del sexo indefinible, la indecidibilidad de la mutación constante, la inutilidad del cuerpo sin órganos de artaudiana memoria.

Sin embargo, tal modulación identitaria se sustenta en una indiferencia de fondo. Las identidades diversas de L. Iluminada afloran solamente después de que ella ha estado "[s]umida en el éxtasis de perder su costra personal para renacer lampiña" (10), y ha "perdido el nombre propio, inmersa, buscando la luz con ojos desorbitados por la transparencia" (11). Es decir, para que se pueda proyectar el pletórico barroquismo transformacional de la identidad, es necesaria una pantalla depurada, neutra. Si intentamos buscar algún tipo de evolución en una obra de obsesiva circularidad como *Lumpérica*, la encontraremos justamente en la valoración del substrato neutro sobre el cual acontece la variación de las identidades plurales.

El capítulo que abre *Lumpérica* describe cómo los vagabundos que se han reunido en la plaza se exponen a la luz del cartel para obtener, a través de las marcas de productos comerciales que éste proyecta en la plaza, su certificación ciudadana y un nuevo nombre. Esta asignación de una identidad alternativa se verifica, sin embargo, solo porque ellos, como masa homogénea, se han propuesto en su funcional palidez, que equivale a un espacio vaciado y disponible para ser inscrito por el otro: "muestran sus cuerpos que no plantean diferencia entre unos y otros: el aviso luminoso los encubre de distintas tonalidades, los tiñe y los condiciona" (10). De la misma manera, L. Iluminada se hace cuerpo-pantalla sobre el cual caen las letras, los colores, los reflejos desde lo alto: es así como se celebra su bautizo. La primera escena concluye con el siguiente comentario, que subraya la abstracción y neutralización de la identidad de los personajes:

> Revirtiendo por ello los cánones de la identidad a través de la suma de los cuerpos que neutralizan al máximo los rasgos, para provocar colectivamente una imagen depurada de los que, por desprendimiento, han ductilizado sus materias sometiéndose conscientemente al deseo. (16)

La tensión hacia la despersonalización de los cuerpos radica, en el primer capítulo, en la necesidad de ofrecer una superficie de inscripción para el fantaseo de las múltiples identidades: sin embargo, se trata de un efecto de los dos instrumentos biopolíticos por excelencia del poder autoritario, a saber, la seducción de la mercancía y el control panóptico, ambos encarnados en el cartel comercial que ilumina la plaza. El goce de descubrirse cada noche diferentes a sí mismos no radica en la libertad y la autonomía que experimenta el individuo, sino que es el efecto de la coyuntura político-económica que crea las condiciones de opresión y prescribe las formas para el disfrute. La verdadera insidia del poder coincide justamente con el hecho de que impone la ilusión de constituir el único horizonte posible de la experiencia.

Sin embargo, L. Iluminada sabrá transformar esta constitutiva falta de alternativas de límite aprisionador a límite fecundo de una disciplina autónomamente escogida, desembocando, en el último capítulo, en la investigación de lo neutro como táctica de sustracción y resistencia a la opresión. En este sentido, nos es útil recordar el teatro de la crueldad de Antonin Artaud. Casi como si se inspirara en las indicaciones del maestro francés,[27] L. Iluminada transforma

---

[27] Esta deuda se puede comprobar, por ejemplo, en el hecho de que el vestido de lana gris de L. Iluminada, de ser telón de fondo para la proyección del luminoso, pasa a ser ropaje con apariencia ritual para la actuación, tal como lo prescribe Artaud en *El teatro y su doble*. Ahora L. Iluminada busca activamente el cruce entre su vestido gris y ciertos grupos de letras proyectados desde lo alto, para luego fijarse no tanto en su "sentido

Margen, espejo. Poesía chilena y marginalidad social

la sumisión a la necesidad, encarnada en la ley del luminoso, en un arduo ejercicio de actuación; a la violencia de la coyuntura histórica responde con la "crueldad" de una rigurosa e implacable entrega a la exhibición, en su mismo cuerpo, de aquel conato vital que no se deja aplastar por ningún poder. A través del refinamiento procurado por la actuación, tal indomable apetito por la vida llega a asumir la forma de una neutralidad ahora extremadamente poderosa. Los umbrales identitarios por los cuales transita L. Iluminada vienen a ser muecas de un mismo rostro que se tensiona hacia una desnudez y una entrega total, llegando a rozar lo neutro, la única identidad que realmente importa.

La neutralidad como ejercicio actoral

Podemos entonces imaginar la insistencia en la neutralidad que pervive debajo de la línea de la variación como práctica consciente, como ejercicio físico y espiritual del actor. Como reflexiona Jersey Grotowski en su obra *Toward a Poor Theatre*,[28] el objetivo de un actor es llegar, por medio del trampolín del papel interpretado, a su propio centro más íntimo y visceral para sacrificarlo, exponerlo (37). Particularmente reveladora, a la luz de este precepto grotowskiano, es la última escena de *Lumpérica*. Cerca del amanecer, la protagonista ha quedado sola en la plaza. Saca de su bolso un espejo y se mira largamente la cara, desde todos los ángulos posibles. Luego, parada en el centro de la plaza, corta sus cabellos, hasta que aparece su casco blanquecino. Vuelve a mirarse en el espejo, se sienta en un banco y se pone un collar de pedrerías. Su cara, después del acto, ha quedado "límpida". Podemos intepretar esta sucesión de acciones como un ciclo de entrenamiento grotowskiano, que lleva a L. Iluminada a hacer emerger, en sus facciones, la pura potencia

---

claro o riguroso", sino en los "nexos" (216) que se crean entre ellos, en "los aparentes vacíos" (214).

[28] Según Grotowski, el actor debía entrenar rigurosamente para limpiar cada una de sus acciones, que debían surgir de impulsos interiores; el objetivo era obtener un control total de la expresividad para crear una conexión íntima con el público.

de la vida impersonal de deleuziana memoria.[29] La exposición del cráneo, a través del corte del cabello, es crucial: se trata de una manifestación de entrega llevada a sus extremas consecuencias, ya que una parte tan frágil y emblemática de la persona como la cabeza es arriesgada en un medio hostil. Al mismo tiempo, sin embargo, este despojamiento, esta "pobreza" radical se vuelve núcleo duro de resistencia, de insumisa supervivencia, que se agarra de lo básico de las funciones vitales para sacar nuevo impulso: como anotan Deleuze y Guattari a propósito de las posiciones de la cabeza en Kafka, aquí también la cabeza erguida apunta a una línea de fuga de la cárcel autoritaria, a un abrirse de nuevas conexiones desorientadoras. Recita el texto de Eltit:

> Respiró intensamente. Nuevamente elevó sus manos sobre la cabeza y recomenzó con sus cortes irregulares. A pedazos aparecía su casco blanquecino. Los huecos en su cráneo eran notorios. Las partes recubiertas por cabellos tenían un tono más oscuro aunque también transparente. En líneas generales, las zonas que estaban rapadas no tenían más que uno o dos centímetros de largo. (217)

El corte casi ritual roza la depuración total de esa parte de la anatomía humana, el cráneo, hasta el punto de descubrir en ella la neutralidad mineral de un guijarro pulido. La anotación relativa a las cicatrices en el cuero cabelludo y a la distribución de zonas más o menos rapadas mantiene, sin embargo, la huella de una individualidad innegable. La historia de las orfandades y de los triunfos de L. Iluminada concurre al éxito de la función final del entrenamiento en su camino hacia el umbral de lo neutro.

---

[29] Nos referimos aquí al artículo de Gilles Deleuze titulado "La inmanencia: una vida...", que se ha vuelto su testamento en materia de biopolítica. Para Deleuze, *una* vida es vida impersonal, y sin embargo singular, un puro acontecimiento de presencia liberado de los accidentes subjetivos (38). Mientras Deleuze piensa en el momento revelador de la impersonalidad de la vida a través de ejemplos como la cara del hombre en punto de muerte o del bebé recién nacido, con sus expresiones singulares pero no individuales, en nuestra discusión estamos valorando, dentro del proceso actoral de despojamiento, la necesaria permanencia de rasgos individualizadores que no se pueden eliminar en la trascendencia de *una* vida.

Margen, espejo. Poesía chilena y marginalidad social

Después de la rapadura de la cabeza, L. Iluminada se mira en un espejo pequeño, pero en la superficie de éste no aparece su cara, sino elementos del entorno: "[p]or un momento se reflejó en él el luminoso y hasta un pedazo de rama de árbol" (218). Este mismo espejo, vaciado de un reflejo facial específico, es alcanzado idealmente al lector, traspasando, como ya antes, los límites del enunciado literario, para que él mismo se mire en esta desnudez total. Escribe Grotowski que el acceso del actor al núcleo depurado no es sino una invitación dirigida al espectador para que haga lo mismo (37). En el cierre de la obra, el contacto entre la mirada de L. Iluminada y la de un ciudadano confirma la muda invitación que pretende desbordarse hacia el lector: "El primer peatón cruzó la plaza, seguramente para acortar camino. Su mirada distraída la enfocó vagamente, luego de manera abierta. Sus ojos se cruzaron. Ella sostuvo la mirada por un instante, pero después la dejó ir hacia la calle de enfrente" (218-19).

Lumpérica desarrolla una muy peculiar vocación testimonial frente a su contemporaneidad: en vez de transmitir un mensaje verbal explícito, organiza una *performance* en la cual el lector, como el ciudadano que aparece en la narración, es llamado a participar. El sujeto del Chile dictatorial doblega y desvía en lúcido ejercicio actoral grotowskiano los signos de la violencia que determinan su simbólico desamparo existencial. Lo que emerge de esta *performance* dramático-escritural no es una *nuda vita*[30] victimizada, sino una *vida conscientemente desnudada*, llevada al umbral de lo neutro, que en su esencialidad asegura una potente forma de resistencia frente a cualquier imposición violenta de moldes identitarios unívocos.

---

[30] La categoría de "nuda vita" ha sido introducida por el filósofo Giorgio Agamben para definir, en las ópticas jurídico-institucional y biopolítica, la existencia humana puramente biológica y despojada de derechos civiles. Un ejemplo de la aplicación histórica de este concepto, relacionado con la noción latina de *homo sacer*, ha sido reconocida por el estudioso en los campos de exterminio nazi, en los cuales los deportados se encuentran sometidos a un "estado de excepción" que los excluye del ámbito jurídico y los vuelve matables impunemente.

III. La década del 90: El distanciamiento crítico de la mirada

1. Una visibilización disonante

En el *Programa de Gobierno de la Concertación de los Partidos por la Democracia*, redactado en 1988, se lee que "un compromiso [...] con el crecimiento y la justicia social" no puede entrar en contradicción con el principio de que "el mercado es insustituible para articular las preferencias de los consumidores" (Cárcamo-Huechante 22). Aún antes de que la democracia se instale oficialmente en Chile, el sistema de mercado neoliberal, con sus inherentes desniveles, es así legitimado como base económica e ideológica de la sociedad. Se trata de un resguardo frente a los cambios que puedan ocurrir en los vértices del poder. En una de sus crónicas urbanas, Pedro Lemebel transmite el sentimiento de desencanto vivido por aquella parte de la población chilena que saludaba la vuelta a la democracia como una promesa de equidad y desarrollo para todos: "Al llegar los noventas se fueron los milicos, y la democracia hizo como que llegó pero nos dejó a todos con los crespos hechos, esperando" (Lemebel 34). Las demandas de democratización sustantiva que conlleve efectivos avances en la justicia social son, por el contrario, sublimadas y recicladas en el circuito simbólico de la mercancía.

Efectivamente, para el ciudadano común la libertad recobrada queda canalizada en el espejismo del consumo, condensado en la identificación con los modelos mediáticos y la fetichización de la marca. Cómplices el desintegrarse progresivo del tejido comunitario y el ablandarse del disciplinamiento ciudadano, un nuevo grupo social va emergiendo en los 90: los "flaites", jóvenes de bajos recursos que consiguen dinero con métodos informales o ilegales (cuidado de autos, narcotráfico, robo) y visten ropa de marca al estilo de los cantantes de rap o reggaetón para demostrar un estatus superior al que poseen. Estos jóvenes se hacen reconocibles, además, por el hecho de hablar una jerga característica y mantener una actitud desafiante acorde con un código de conducta machista. El imaginario colectivo, con una evidente sobregeneralización, empieza a asociar situaciones de marginalidad en las comunas de bajos recursos a un caldo de cultivo para este tipo de pequeño criminal, quien, como destaca Magda Sepúlveda, "ha internalizado el deber ser del consumo, y usa la fuerza para lograrlo, porque no asume la interdicción de 'déjate explotar, trabaja sin contrato', sino que desvía la regla y viola la santa propiedad y los cuerpos que le señalan su diferencia" (*Ciudad quiltra* 152).

Por otro lado, los sujetos marginales son transformados en minorías cuya agencia queda estratégicamente limitada a la visibilización en la arena simbólica de la tolerancia multiculturalista,[31] sin una real contraparte en ámbito político. A raíz de la campaña de teatralización mediática de dicha minorías, entre las cuales encontramos al homosexual, a la mujer maltratada, al inmigrante, al mapuche urbano, las políticas estatales de la transición funcionan, a pesar de las buenas intenciones, como mecanismos que posibilitan "transformar en cultura reciclable hasta el más mínimo intento emancipatorio" (Blanco 167). Es así como la exaltación en el espacio público de las diferencias –étnicas, raciales, religiosas, de género– instala un sistema para la identificación del individuo según una serie de parámetros dados, hasta el extremo de que los sujetos acaban espontáneamente por asumir una entre las identidades propuestas en el menú multiculturalista, además de ceder su autonomía y agencia a la tutela paternalista del Estado.[32]

---

[31] Según Walter Mignolo, la multiculturalidad supone que "los principios hegemónicos del conocimiento, la educación, las nociones de Estado y gobierno, la economía política y la moralidad, entre otras cuestiones, están controladas por el Estado, y bajo el control estatal, las personas tienen la libertad de seguir con su cultura siempre y cuando no pongan en riesgo los principios epistémicos que sustentan la política, la economía y la ética estatal" (139).

[32] Sin embargo, es innegable que un primer paso en la dirección de la igualdad de derechos entre grupos sociales se da y se ha dado a través del ámbito cultural. Un ejemplo de esto en Chile es el florecimiento de la poesía mapuche a finales de los años 80, la cual cuenta con importantísimos poetas como Elicura Chihuailaf, Leonel Lienlaf y Jaime Huenún, entre otros. La conformación de una intelectualidad mapuche con un perfil propio en el escenario cultural permite que vaya emergiendo con ella una serie de otras instancias que tienen que ver con la esfera política y social. Es así como, con la Ley Indígena de 1993, las demandas del movimiento mapuche son reconocidas, por primera vez en la historia chilena, como étnicas (esto es, referidas a un pueblo originario en sus derechos) y se señala la responsabilidad del Estado de respetar,

Margen, espejo. Poesía chilena y marginalidad social

Frente a este cambio en la figura y del rol del marginal en términos implícitamente funcionales a la lógica de mercado, el arte y la crítica cultural orientan su reflexión sobre la marginalidad instalando el sistema económico neoliberal en el lugar antagónico anteriormente ocupado por la dictadura. Es decir, en la figura del marginal, delincuente o "minorizado", se va nuevamente condensando el supuesto potencial de resistencia y desalineamiento con respecto al régimen de regulación de las conductas. Sin embargo, la tendencia a instalar en el sujeto marginal una instancia de crítica a la transmutación del país dictatorial en país-*brand*, olvidadizo de los destrozos humanos y políticos recientes,[33] se contamina parcialmente con los mismos mecanismos que están a la base de la mercantilización de la sociedad. La poetización de la figura del marginal se enfrenta al riesgo de caer en la sistematización tipificadora y el fragmento desechado y reciclado como *objet trouvé*, respondiendo a las solicitudes por parte del mercado editorial de obras que despierten el gusto por lo "diverso", lo "singular", lo "irregular", lo "delictual".

Sin renunciar a cierta calidad artística o conciencia política, la obra *Naciste pintada* de Carmen Berenguer, publicada en 1999, es un ejemplo de cómo la marginalidad puede ser elaborada y leída según una lógica de tipificación y fetichización. El poemario junta varias situaciones de marginación en una especie de *summa* de la marginalidad, estructurándose en el cruce de diferentes géneros literarios: el testimonio de mujeres maltratadas y abandonadas, las cartas de las presas políticas durante la dictadura, la prosa poética que describe la degeneración del espacio metropolitano, los reportes de

---

proteger y promover el desarrollo del pueblo indígena y su cultura. Esto no impide que la "[v]isibilidad abrumadora de los mapuche en los medios, espectacularidad para relatar unos movimientos que comprometen tierras e intereses de grandes empresas eléctricas y madereras" (Foerster 51) no corresponda, en lo específico, con un reconocimiento efectivo de los derechos de los pueblos originarios.

[33] Nos referimos aquí al triunfalismo con que los empresarios y los políticos publicitan, a través de un cuidadoso *marketing* de la marca-país, la solidez de la unidad nacional y el promisorio desarrollo económico de Chile. La Expo-Sevilla 1992 es el terreno en que, literalmente, se "pone en escena" la ejemplaridad del milagro chileno, su instantánea conversión en un témpano de hielo *high-tech* sanitizado de cualquier pasado sangriento (cfr. Nota 4 del Capítulo I para profundizar sobre la Expo-Sevilla 1992).

hechos delictuales protagonizados por lesbianas y prostitutas. En una de las secciones del libro, la retórica de los bajos fondos y el impacto visual de los recortes periodísticos de crónica roja acompañan al lector en las calles prostibularias de Valparaíso: la línea que separa lo chinesco de la *chinoiserie*, lo abyecto del producto exquisito, la mirada reivindicativa de la mirada voyeurística es peligrosamente sutil.

La crítica cultural de Nelly Richard también pregona una estética y una ética de lo disparejo, de lo sobrante marginal; en fin, de todo lo que se queda afuera del "recuento práctico-utilitario de la integración y del reciclaje capitalistas [...], de la homogeneización de lo masivo" (*Residuos y metáforas* 16), y que permite "cuestionar sus jerarquías discursivas desde posiciones laterales y descentramientos híbridos" (11). El riesgo es que tales perspectivas sean funcionales a la agenda de los sujetos letrados, es decir que tomen prestada la figura de la marginalidad ahora conceptualizada como sobra y desecho frente al mercado para encauzar las inquietudes de los intelectuales frente a la situación postdictatorial.

En el cortocircuito de miradas sobre la marginalidad que se ha creado en los 90 entre política, mercado y cultura, la invención artística de Germán Carrasco y Yanko González, los dos autores que trataremos en las siguientes páginas, produce un desvío menos clasificatorio y más autocuestionador. La mirada de estos autores es sesgada, sensible a las contradicciones que surgen en el observador mismo.[34] Sin renunciar a una reflexión crítica que ponga

---

[34] La opción de una mirada "desde el margen" sobre el margen se refleja también en el posicionarse de estos autores en el campo literario y en el circuito de las lecturas. Germán Carrasco y Yanko González pertenecen a la promoción clasificada por Javier Bello con el apodo de "náufragos", condición existencial que expresa el legado del trauma dictatorial para las jóvenes generaciones: el sujeto se halla perdido, literalmente a la deriva. En lo textual, los poetas de la promoción de los 90 salen a menudo de los confines de la tradición nacional y de su idioma para buscar modelos literarios diferentes, como por ejemplo los anglosajones, en los cuales inspirarse en su tensión metapoética y autorreflexiva y en su vocación a la mezcla de géneros, especialmente las artes visuales y la cultura mediática. Uno de los temas preponderantes es el espacio urbano, enfocado desde lo menor, lo cotidiano, las contradicciones surgidas a raíz de la globalización, que deslinda una "ciudad asumida en tanto fractura, abordada a partir de sus márgenes, transgredida en cuanto escenario y operando en sintonía

Margen, espejo. Poesía chilena y marginalidad social

al descubierto los destrozos y las injusticias del régimen neoliberal, sus miradas ambicionan a tocar y dejarse tocar por la situación que retratan: serán, respectivamente, la mirada científicamente involucarada del antropólogo y la mirada estéticamente sesgada del *flâneur*. *Metales pesados* (1998) de Yanko González (Buin, 1971) se centra en un sector específico de la juventud marginal que, entre finales de los 80 y principios de los 90 en Valdivia, se identifica con la corriente postpunk y se caracteriza por la conducta violenta, el consumo y el comercio de droga, el asalto y el robo. En esta obra, la visibilidad de los sujetos marginales es llevada al exceso, a la sobreexposición, lo cual satura y finalmente obtura la mirada que pretende aferrarlos y amansarlos. Incluso la observación del locutor con quien se identifica el poeta-antropólogo –según la inspiración transdisciplinaria que anima el proyecto poético de Yanko González– resbala en la superficie impenetrable que estos jóvenes adensan alrededor de sí mismos a través de su actuación performática.

Por otra parte, Germán Carrasco (Santiago, 1971), en *La insidia del sol sobre las cosas* (1998) y *Calas* (2001), absorbe la figura del marginal en el panorama de la experiencia cotidiana, haciendo de él un elemento más familiar que perturbador: se podría hablar, en este sentido, de una invisibilización de aquella diferencia que supuestamente aleja al marginal del resto del conjunto social y lo vuelve, así, clasificable. En efecto, los encuadres de un Santiago pedestre, popular, periférico, presentan escenas cuya marginalidad queda momentáneamente puesta entre paréntesis para dar el paso

---

paritaria con la voz [del] sujeto en tanto sobreviviente" (Espinosa s/p). La condición relativamente marginal de este conjunto de poetas consiste en su opción por alejarse de la lógica del *jet-set* mediático y efímero que caracteriza la experiencia de la prosa en esos mismos años, a partir del "miniboom" de la Nueva Narrativa Chilena impulsado por la editorial Planeta desde el año 1987, en su mayor parte dirigido a crear un consumo cultural con altos índices de venta, en el cuadro de la transnacionalización de la industria del libro (Subercaseaux 266) y sin preocupaciones por la efectiva calidad literaria de las obras. Los poetas, en cambio, buscan una comunicación íntima y casi subterránea con un "lector secreto": el acto de la lectura, de hecho, "no recorre el espacio desde el ámbito de lo personal hacia lo público, sino que se transporta desde la situación de la escritura hacia el ámbito de lo interpersonal e intersubjetivo" (Bello s/p).

a un encantamiento estético rociado de erotismo. Las estrategias retóricas antitéticas de la hipervisibilización (González) y de la invisibilización (Carrasco) se distancian de la forma en que se mira al marginal en los años 90. Los dos poemarios en objeto, a pesar de trabajar el fragmento, el retazo, el desecho, no fomentan la seducción que puede ejercer sobre el lector la retórica asociada a estos materiales. González ataca frontalmente al lector con una antiestética de la displicencia; Carrasco adopta la mirada del *flâneur-voyeur*, que no renuncia a cierta inocencia en su insinuada malicia, en su encanto frente al panorama más ordinario.

Marcando una diferencia con respecto a los autores revisados de la década anterior, la voz de los sujetos marginales es activada en su agencia enunciativa autónoma. Su locución es expuesta por la instancia escritural a través del discurso directo y ocupa una parte relevante del poema, o bien se mezcla con la del locutor-observador: la responsabilidad enunciativa ha sido pluralizada. Los poemas no consignan al marginal como cuerpo exclusivamente sintomático, exhibido en sus orfandades, en sus necesidades, finalmente en su mudez, riesgo en el que incurre el sujeto elaborado, por ejemplo, por la crítica del subalterno. Por lo contrario, la asunción del fenómeno enunciativo en su complejidad implica que posiblemente sea el locutor-observador el que se quede con la lengua y la intelección entrampadas, como en el siguiente fragmento desde un poema de Yanko González: "Me quedo solo al final de la panamericana / Otros serán el busco mi destino / los sujetos de mi observación participante / la reconocida equivocación de mi ojo ciego" (50). En contratiempo con respecto a los discursos mayormente difundidos y autorizados en su época, las propuestas poéticas de Germán Carrasco y Yanko González abren una visión disonante del fenómeno de la marginalidad al introducir una mirada original en una problemática que no puede y no quiere quedarse en lo meramente cultural.

Margen, espejo. Poesía chilena y marginalidad social

2. Metales pesados, *de Yanko González:*
la visibilización performática de las tribus urbanas

En *Metales Pesados* de Yanko González podemos escuchar el lenguaje brutal, soez, repleto de expresiones de la jerga de los ambientes criminales, utilizado por las tribus urbanas de jóvenes de bajos recursos que desarrollan una identidad opositora y/o paralela al sistema que los excluye social y culturalmente.[35] Tal identidad se conforma a partir de valores y prácticas como el machismo, la guerrilla territorial entre pandillas, la afiliación a la moda *new wave* y el comercio y abuso de drogas. Los locutores que aparecen en los poemas son estos mismos jóvenes, u otros personajes del ambiente, como el *pusher* de la esquina, la madre sin autoridad, la dueña de algún bar, el sujeto de la enunciación en el rol de un etnólogo en su misión de observación participante. La apuesta retórica del poemario, sin embargo, va más allá de la mera teatralización de las voces: la naturalidad y la inmediatez con las cuales brota el habla marginal son solo aparentes, tal como lo indican el uso de las notas a pie de página, el pastiche, la intertextualidad, el juego de correspondencias fónicas.

---

[35] Según Michel Maffesoli, la tribu urbana es un grupo de personas que se caracteriza por la ritualidad, la cohesión emotiva, el sentimiento de pertenencia, la atmósfera conflictiva que desencadena al relacionarse con su exterior. Se trata de una forma de organización precaria, pero que logra responder adecuadamente a las diferentes presiones del medio social de la ciudad contemporánea (Maffesoli 174). De hecho, en situaciones de ausencia de oportunidades, de inhabilidad parental por parte de los padres, de entornos caracterizados por conductas delictivas, la pandilla o tribu urbana representa el referente natural que sustituye a la familia o a la escuela. Las prácticas al límite de la legalidad, como el porte de armas, la colaboración con las redes del narcotráfico, la lucha por los territorios y el liderazgo, la drogadicción, son, además de las formas de organizar una vivencia, una respuesta a la necesidad de autoafirmación y reconocimiento. De esto se desprende la importancia del *look*, de los rituales, de la jerga, en una palabra, de la *performance* (Parker 32; Vanderschueren 36).

Podemos aventurarnos a leer *Metales pesados* como una consciente manipulación de las hablas de las tribus juveniles urbanas cuyo objetivo, como sugiere el autor, es "un 'efecto' de representación" (González Cangas, "¿Qué ves..."). De este modo, el texto poético se connota, en primera instancia, como volcado a la superficie, tanto desde el punto de vista de su estructura como de su apariencia formal. La noción de superficie nos resulta útil al abordar el problema de la representación de los sujetos marginales. La deontología de la disciplina etnográfica que subyace a la composición del poemario, la antropología poética,[36] evade la presunción de un deslinde entre sujeto observador y sujeto observado y declara imposible la objetividad en la subsecuente exhibición de la presencia marginal; se interesa, por el contrario, en la mezcla recíproca de las formas de expresarse y de pensar de los sujetos que participan en el diálogo, y en la presentación formalmente cuidada del resultado. El relato antropológico que deriva de esta operación es definido por Yanko González como

> más "estilístico", más críptico, polisémico y cargado de subjetividad, en una suerte de "subversión" epistemológica al llevar la descripción a una forma radicalizada de subjetividad por parte del autor, en cuya cabeza, que opera como tamiz, aflora el "otro". ("Nuevas prácticas etnográficas" 7)

La retórica que caracteriza *Metales pesados* consiste, justamente, en que la voz del sujeto marginal es filtrada a través de la perspectiva de la instancia escritural. Esta última, sin embargo, opta por quedarse

---

[36] La antropología poética es un género literario híbrido surgido en Chile en los años 80 que mezcla la etnología con la poesía. La nueva disciplina nace como reacción a la antropología clásica en tanto saber prescriptivo, racionalista, falsamente objetivo y neutral, y se vincula con los discursos fronterizos y transtextuales de la posmodernidad. Se caracteriza por la voluntad de reivindicar la particularidad del *otro* en la progresiva homogeneización del espacio cultural contemporáneo, acogiéndolo en sus diferencias con respecto al sujeto enunciador y su cultura que se encuentran, por esta misma razón, atravesados por las resonancias que este encuentro produce. El eje de la reflexión se traslada del ser observado –un *otro* que la antropología había reducido a espécimen a diseccionar y diseccionado– a las emociones y reacciones del observador frente a un ser o a una situación a menudo indescifrables. Para acercarse a lo desconocido, la antropología poética acude a los recursos retóricos y a la polisemia del lenguaje literario, confluyendo, en consecuencia, en la línea de la tradición literaria.

Margen, espejo. Poesía chilena y marginalidad social

en el umbral de las locuciones del marginal: en la superficie de lo que el marginal decide manifestar performáticamente de sí mismo. Comprobamos que la locución del sujeto marginal transitó a través de la elaboración ficcional de la instancia escritural porque los retazos de habla, rescatados del *continuum* de la comunicación de todos los días, son recompuestos formalmente para así resaltar su potencial estético, la denuncia del *status quo* y los prejuicios del lector.

La operación poética, al desarrollarse en la superficie tanto estilística como temáticamente, se traduce en una visibilización de tales existencias marginales mediante el montaje de las voces. Se trata de una visibilización que llamaremos "performática". Por un lado, la visibilización transita por la *performance* sonora del significante. Por el otro, el poemario impulsa al lector a presenciar la *performance* social y enunciativa del sujeto observado, en lugar de ahondar en la investigación de su intimidad.[37]

La enunciación estratificada y acústica del poema antropológico

En *Metales pesados*, la influencia de la ya mencionada antropología poética se nota en el uso de técnicas propias de la etnología, como el proceso preparatorio de grabación y transcripción de voces, ciertos rasgos formales típicos del ensayo etnológico, las reflexiones sobre el quehacer del etnólogo, el peculiar uso de la nota a pie de página y, sobre todo, la interesante alternancia de las voces: las de los informantes y la del sujeto letrado que los observa y entrevista. El resultado es similar a un palimpsesto, en el cual voces, perspectivas y epistemologías diversas se superponen. Podemos comprobar esta peculiaridad, por ejemplo, en el poema "El salón de T".

"FUMANDONOS PUNTO ROJO
Reducimos a fierrazos

---

[37] En el primer caso, la *performance* se refiere a la materialidad del significante y su rol en la significación. En el segundo caso, el concepto de *performance* está conectado con el ámbito social: la *performance* da cuenta del hecho de que la vida social está estructurada por rituales y comportamientos reiterados.

> Al matón de la puerta
> Que se dice
> El dueño de la Disco
> El vivo saca una fogueo pirateada
> Y nos repliega a tunazos
> La guatona new wave se quiebra de cariño
> El ruido baja a los Depeche Mode
> Que tecnifican el aire en Ajonegro
> De chasca al Salón de T 2
> Le dieron por la espalda al Caduga
> Cuando la sangre se confunde
> con la pálida del cuerpo
> –Hoy pisco de 40° Hoy chicha en anilina–
> Caduguita lanza un grito de muerte funky
> **QUE HUMANIZA NUEVAMENTE EL AIRE**
> **QUE HUMANIZA NUEVAMENTE EL AIRE**
> **QUE HUMANIZA NUEVAMENTE EL AIRE"**
>
> [2] Una boca de alcantarilla/ Donde posan las tribus del villorio De tarde en día viendo algunas estrellas/ Tirados con cartucheras Ficticias/ Garrafas pisco cognac/ Son unos Sioux de medianoche Acá en este Salón de T/ Concreto/Y un olor a agua putrefacta **QUE SE CUELA POR LAS RENDIJAS.** (También la invaden otras tribus amigas los Chichi', los Beto' Los Chacalos, los Chinos/Los Super-Bravos se ríen de todo Con una grapa en la mano/ Emigran de mañana/ Y el Salón de T los mira **SEMI DURMIENDO SEMI DESPIERTO.** (11)

En este poema se pueden reconocer al menos dos locutores. Por una parte está el joven que describe, desde su punto de vista, el tiroteo entre su pandilla y el guardián de un bar (el salón de té, típico del sur de Chile), que finalmente resulta en la muerte de uno de los compañeros; señalada a través de las comillas, su voz es la preponderante. Por la otra, está el locutor con el que se identifica el autor en su misión etnológica: él se expresa en el espacio de la nota a pie de página que imita los apuntes etnográficos y se concentra en los movimientos –urbanos y alcohólicos– de las tribus juveniles. La voz de estos dos locutores se mezcla con otra voz, la de la música de los Depeche Mode que "tecnifica" el aire, imponiendo su ritmo incluso al último grito del chico asesinado ("un grito de muerte funky"). A raíz de la muerte de una persona, el aire vuelve a ser humano otra

Margen, espejo. Poesía chilena y marginalidad social

vez, pero sin salirse del marco del estribillo tecno. A estos sonidos se junta también, de forma menos impositiva, la voz de una cantante, posiblemente Alison Moyet. Su presencia es aludida en la imagen de "La guatona new wave", una chica que, como muchas, imita a su ídolo en el estilo, en el peinado, en la vestimenta. Finalmente, la reproducción del estilo de un cartel de ofertas fijado al exterior de un bar o almacén ("Hoy pisco de 40° Hoy chicha en anilina" –la anilina era ocupada por los postpunk para teñir la ropa de negro–) inserta una cita casi icónica, delimitada visualmente por los guiones, de otra habla del ambiente. Se va conformando, de esta forma, un tapiz de voces y acentos, que aprovecha tanto la variedad de locutores como la diversidad de sociolectos y resonancias culturales que confluyen en el poema. En consecuencia, la estrategia retórica dominante, extendida a todo el poemario, puede ser reconocida en el pastiche.[38]

Si en este texto los referentes aludidos son principalmente la drogadicción y la música *new wave*, en el poema de apertura del libro de González la mezcla entre ámbitos culturales –de elite y de masa– se hace patente. El título "Las tres tribus" suena, en su aliteración, tanto a *Tristes trópicos* como a *Tres tristes tigres*; la dedicatoria a "Ezra Punk" alude a un evidente hipograma literario distorsionado; la *fantomática band* "Porotos with riendas" internacionaliza un plato de la tradición culinaria popular con la inserción de la preposición inglesa, subrayando el afán de americanización que se vive en el Chile de los 80 y los 90. También la configuración del texto en la página responde a la opción formal del pastiche: la subdivisión en versos, típica de la poesía, se contagia con las convenciones formales del género del ensayo científico, por ejemplo, en la práctica de la nota a pie de página. La lucha entre el *logos* del locutor culto y el de los locutores populares se da a nivel espacial. Observa el poeta:

> Ellos [los representados], anarcos y autónomos, con sus textualidades responden y se burlan de los textos dominantes, que son los que están

---

[38] Según la definición de George Yúdice, el pastiche asume un determinado acervo de citas –sin tener necesariamente un intento irónico– para constituir el "complemento literario de aquellas prácticas de re-articulación que intentan asumir tradiciones alternativas dentro de la modernidad" en una proyección potencialmente política (94).

dispuestos arriba de la página. Llega un momento en que se van invirtiendo y los discursos de los "otros" son los dominantes y nuevamente me tomo la página y ellos la retoman y así sucesivamente. ("¿Qué ves...?" s/p)

En el caso del poema presentado, el destronamiento ya ha tenido lugar, y el locutor culto se encuentra en posición accesoria. Hay otros casos en que la nota a pie de página contiene citas tomadas de la literatura (Verlaine, Gide), la filosofía (Platón, Nietzsche), la música punk-rock (Ozzie Osborne, Strummer-The Clash). El pastiche se conjuga, así, con la manipulación de las voces, descontextualizándolas y tensándolas al relacionarlas con referentes culturales ajenos y plurales. La jerga marginal, en su dimensión empírica de voz atrapada en la calle y salvada del olvido, se vuelve extranjera a sí misma a través de la interacción con la variedad de las citas que la circundan: de esta forma, la marginalidad es procesada a través de la conciencia del sujeto de la enunciación y del acervo cultural del cual éste dispone. La *performance* retórica con que los locutores justifican su conducta, se presentan a los ojos del observador u ofrecen su propia versión de lo ocurrido, como en el caso del poema analizado, se vuelve *performance* compositiva de la instancia escritural, que da libre curso a su creatividad en la manipulación de las voces y de los elementos más dispares. La operación deriva en un producto híbrido cuya ficcionalidad queda al descubierto, visibilizada: se puede, por lo tanto, hablar de visibilización performática, tanto de las hablas marginales como de la dinámica compositiva que las combina y las transforma en literatura.

El fenómeno de la visibilización performática se desarrolla también en otro nivel de la superficie del texto: su textura sonora. La mediación estética tiene aquí un papel clave, en obediencia a los fundamentos de la disciplina de la antropología poética, para la cual la atención a la expresión es fundamental. La retórica de la fealdad, del exceso y del horror que caracteriza el poemario desde el punto de vista del significado de las palabras empleadas, se resuelve, en lo formal, en la articulación armónica de los sonidos, aunque a ratos lo disonante prevalezca. Como bien intuye Isabel Amor ("Metales

Margen, espejo. Poesía chilena y marginalidad social

pesados" 115), hay en el estilo de Yanko González una memoria dadaísta en el disfrute acústico de las reiteraciones, aliteraciones, falsas rimas, la transcripción de los sonidos; una voluntad de llevar el lenguaje a una crisis consciente, lo que acercaría al autor más a Huidobro que a Parra o Bukowski, los modelos más citados en las reseñas de la obra.

En el poema "Ve" (21), por ejemplo, la arenga de una madre contra el hijo que está tomando un mal camino se transforma en un flujo rítmicamente interrumpido por el hipo del término muletilla "ve", transcrito en su forma gráficamente condensada, "v", lo que permite que el lector se sintonice con el estatuto oral de las oraciones. En el poema siguiente, "Si no te cuidas tú verás el fierro que apunta hacia tu luz" (22), la vocación rítmico-acústica es evidente, ya que cada fragmento reitera la última palabra tres veces, con un efecto imitativo de la música rap: "en el lote lote lote / suenan radios radios radios / echa el piso piso piso / y unos dancing dancing dancing [...]" (22). Es interesante notar, en línea con la tesis propuesta, cómo el símbolo "/" puede ser interpretado como marcador de la transcripción fonológica utilizada en sociolingüística, pero a la vez como delimitador entre verso y verso cuando el poema está transcrito en un mismo renglón. El poema sin título que empieza con el verso: "Y si de los flippers está todo hecho [...]" representa, en su longitud que se va adelgazando en una especie de caída altazoriana en el balbuceo, un buen ejemplo de la tensión hacia el puro significante. A continuación la parte final:

> Suertasota / en er video / bein Chichi / en er video / suerta ficha / suerta sota / Chichi en er video / bein Chichi / Chichi suerta /
>
> suerta sota en er video / por
>
> fa
>
> "cichi / deja
>
> sacar
>
> CHICHI EL EXTRA. (20)

En la situación de un juego del *flipper*, los nombres de las personas ("Chichi") y de los 10.000 pesos ("sota"), la transcripción adulterada de palabras brasileñas penetradas en el habla popular con las novelas televisivas ("bein"), se confunden e integran con los sonidos de las salas de juego de los años 80 y 90. El tratamiento retórico al que está sometido el lenguaje compone, en definitiva, un paisaje sonoro que se escapa de la simple referencialidad realista y se dirige hacia una dimensión estética, lo que supone una productivización performática de los rasgos pertinentes del habla. El sociolecto de los locutores marginales se tensaría por lo tanto hasta convertirse en un idiolecto propio de la instancia escritural, lo que desmiente que el poemario represente el registro de una determinada realidad sociolingüística, y afirma, en cambio, la primacía de la propuesta estética. La escritura no se propone como espejo sino como lupa, la cual concentra, saturándolos, los rayos de las voces. La técnica de la condensación acaba por producir un discurso tan recargado que se haría poco probable incluso en las mismas situaciones que constituyen su referente: las visibiliza, como ya se ha descrito, performáticamente.

El antropólogo-poeta y su otro bárbaro

La construcción de las identidades de los marginales y del personaje del antropólogo-poeta en tensión recíproca representa un segundo ámbito de interés para la observación del fenómeno retórico de la visibilización performática. El ya citado poema de apertura, "Las tres tribus", deja sentados algunos motivos fundamentales para la representación de tales sujetos.

"LAS TRES TRIBUS"
a Ezra Punk

Bárbara tiene un nuevo
Negro que la azota
Y tres tribus se jalan
la nostalgia

Margen, espejo. Poesía chilena y marginalidad social

> La primera le compuso la más potente canción
> En un solo de bajo
> "solo de bajo-bajón" "canción con bajo para Bárbara"
> La segunda pateó más que nadie
> En el recital de los *POROTOS WITH RIENDAS*
> Y la tercera
> **LA TERCERA LE ESCRIBE ESTA BRAVATA**[1]

[1] "Las mujeres más deseables forman una minoría. En consecuencia la demanda de mujeres está siempre, real o virtualmente, en estado de desequilibrio o de tensión" (Lévi-Strauss). (10)

La mujer mencionada en el poema, que un *enjambement* bien aprovechado entrega a los brazos de un "negro que la azota" en lugar de los de un decente novio, se llama Bárbara. Este nombre hablante[39] connota la actitud etnográfica del proyecto poético que busca a un *otro* interno a la línea de la comunidad nacional pero a ella irreductible, lo cual permite volverlo investigable. Tres son las tribus que quedaron fuera de la carrera hacia el apareamiento: la primera simula una ambición de pertenencia al canon, la segunda imita una cultura popular/punk, la tercera se exhibe performativamente según los rituales del cortejo urbano-primitivo y con el descaro de un adolescente ("esta bravata"). Fuera de metáfora, el objeto de la observación participante del locutor poeta-antropólogo se resiste desde el principio a dejarse penetrar (poseer sexualmente) por el ojo y la traducción artística de éste, tal como se resiste al arte culto y popular/punk, y se entrega a quien le es más similar, quedándose en el mundo que le es propio. De esta dinámica, me interesa destacar la feminización, sexualización y primitivización de una otredad la cual, sin embargo, se desentiende de los *avances* de todo explorador o misionero que pretenda implantar su bandera o su verbo divino en su cuerpo supuestamente *nullius*, y permanece a una distancia insalvable, entre sus pares, ridiculizando los intentos y esfuerzos performativos del locutor letrado.

---

[39] Se llama "nombre hablante" o "nombre transparente" aquel nombre propio que transparenta en sí mismo los rasgos que se quieren subrayar del sujeto que lo lleva.

Esta distancia vuelve a proponerse a lo largo del poemario, refractándose tanto en las actitudes performáticas de los jóvenes marginales (que devuelven a la mera superficie visible de su propio actuar cualquier mirada que pretenda penetrarlos y descifrarlos etnográficamente) como en las reflexiones que el poeta- antropólogo, personaje del enunciado, expresa acerca de su oficio y de los resultados de sus investigaciones. Nos concentraremos por ahora en el primer aspecto, la definición identitaria de los sujetos marginales. Ésta se lleva a cabo como un puzle de rasgos al cual cada uno de los poemas, especialmente los de la primera sección, va agregando una ficha: entre otros, la drogadicción –"fumándonos punto rojo", "la pálida del cuerpo" (11)–; la violencia sexual –"Te violamos Pat'e cumbia" (12)–; la guerra entre tribus – "Son unos sioux de medianoche", "También la invaden otras tribus amigas" (11)–; el robo con asalto y asesinato –"perchó un parka así", "llena sangre y lonja así" (13)–; el conflicto con la ley –"los tombos de chasca" (13). De este modo, la instancia escritural opta por exponer, tal vez exasperar, las máscaras que los mismos marginales visten en su ejercicio performático que los visibiliza a los ojos de la ciudadanía normada. Tal como lo plantea Michel Maffesoli en su estudio sobre las tribus contemporáneas, en las pandillas la máscara –la actuación performática– sirve para insertar la persona en la estructura jerárquica, desindividualizándola y disminuyendo la relevancia de su intimidad. Asimismo, la tribu urbana acude a la máscara, a la *performance*, para relacionarse con el exterior de modo conflictivo y agresivo, manifestando así su malestar y su rabia frente a una sociedad que determina de antemano quiénes son los sumergidos y quiénes los salvados (Maffesoli 145-65). Limitándose a reproducir el mundo simbólico y valórico de los marginales tal como ellos mismos lo manifiestan, sin moderar la intensidad emotiva y belicosa del original, la instancia escritural está sembrando la duda de si una de las formas en que parece manifestarse la exclusión en los años 90 –a través de la identificación con un proyecto vivencial alterno al emanado por la institución nacional, lo que volvería la elección de vivir en la marginalidad una opción más bien ideológica– no

Margen, espejo. Poesía chilena y marginalidad social

sea en realidad una fachada que esconde una necesidad estructural determinada por el sistema. En otras palabras, la instancia escritural elabora la marginalidad vía omisión de la dimensión íntima de los personajes, y vía exageración —visibilización— de sus actitudes performáticas y de sus máscaras con el objetivo de iluminar, por defecto, la violenta base material en que el libre albedrío individual o comunitario no tiene casi influencia.

Al mismo tiempo, la representación del referente marginal que se va conformando no contradice aquel imaginario social[40] que, subdividiendo la ciudad en zonas "seguras" y zonas "de riesgo", instala una visión epidemiológica de la misma, la cual, a su vez, justifica la separación del "cuerpo ajeno" del "organismo limpio" de la ciudadanía. De hecho, la estigmatización de ciertos sujetos y ciertos territorios es funcional a su desplazamiento hacia un "lugar de alteridad cuyo papel es el de fortalecer, por negatividad, el valor de la norma y el orden" (Reguillo-Cruz 59). La instancia escritural en el poemario *Metales pesados* elige no profundizar o cuestionar explícita y directamente la representación proporcionada por el imaginario, alineándose, en esto, con la observación de Beatriz Sarlo: "dentro de las posibilidades del imaginario no figura la de equivocarse: el imaginario trabaja con figuraciones no falseables" (206). Es decir, con el imaginario "no se discute" (206); sin embargo, como lo demuestra el caso del proyecto poético de González, se puede apostar por una proliferación estética a partir de sus representaciones, llevándolas a sus extremas consecuencias y dejando a la autonomía intelectual del lector el juicio final.

A la autoexhibición de los propios marginales y a la proyección que el imaginario construye sobre ellos, el poemario sobrepone una caracterización performática más, una máscara ulterior, esa que

---

[40] Según Magda Sepúlveda, quien se apoya en teóricos como Cornelius Castoriadis, "el imaginario social forma parte de la cultura, pero no es equivalente a ella, pues el imaginario apunta precisamente al sentido (valor asignado a determinados significantes en un determinado discurso) y a las representaciones (presentar una idea mediante un significante material ...)". ("La consucción de identidades" 71).

está en los ojos del antropólogo: la caracterización de la condición económico-social de las "tribus" urbanas como nomadismo. Unos versos, en particular, clasifican a los jóvenes marginales según la terminología etnológica:

> Nosotros los roba-tapa de los esteichon
> Los cazadores recolectores del pasto loco
> te hicimos colectiva en el miadero [...] (12)

La organización colectiva del sujeto marginal se hace patente en el *incipit* dominado por el "nosotros". Las ocupaciones principales de este grupo humano serían el robo de las tapas de las ruedas o de la gasolina de los coches *station wagon*, índice de un poder adquisitivo alto por parte de su propietario; la caza de especies de tamaño reducido y la recolección de marihuana ("pasto loco"); la práctica sexual violenta e impositiva contra la mujer ("te hicimos colectiva en el miadero"). En relación con estas características, el crítico Hernán Neira plantea lo siguiente:

> La analogía [con las tribus de cazadores-recolectores] no es peregrina, pues las pandillas de delincuentes juveniles se desplazan indefinidamente en la ciudad en búsqueda de nuevos objetos para "recolectar" y consumir sin dilación, a diferencia del gran crimen organizado que practica una "agricultura" consistente en postergar el consumo inmediato del robo para realizar inversiones en personas y bienes, de los que en el futuro se aprovechará sus capacidades. (217)

Tales tribus urbanas, que llevan inscritas en su comportamiento tanto las dinámicas básicas de la supervivencia como la destreza posmoderna de un desplazamiento continuo, en perfecta coherencia con las más recientes teorías urbanas de los flujos, son llamadas a representar el objeto al cual apunta la mirada inquisitoria del poeta-antropólogo: lo "primitivo-urbano". El dualismo de base entre sujeto y objeto, típico de la tradición etnográfica e imprescindible fundamento de cualquier observación científica, permanece de esta forma a la vista.

Del otro lado de la barricada, el locutor que representa al poeta-antropólogo manifiesta la irreductible distancia que lo separa del objeto de su observación participante dejando entrever sus dilemas

Margen, espejo. Poesía chilena y marginalidad social

profesionales, su interioridad herida, su sentimiento de orfandad emocional al percibirse como constitutivamente ajeno al grupo marginal. De hecho, con el objetivo de ganarse la confianza del grupo estudiado y comprenderlo de primera mano, él realiza una *performance* que consiste en imitar lo que no es e intentar perderse dentro de una pose que no le pertenece, por ejemplo, drogándose o recorriendo las calles nocturnas en busca de pelea; pero esto no lo lleva a ninguna identificación o aceptación concreta. Ni siquiera en su papel de antropólogo la presencia de este personaje provoca algún tipo de aprecio. Véase a este propósito el siguiente poema:

"QUIEN AÑADE CIENCIA AÑADE DOLOR"[26]

El LOGO se inyecta entre la tribu/ nada tiene que grabar/ sino su sombra/ nada tiene que mirar/ sino su ombligo/ el /LOGO
no usará el pretexto de la Observación Participante para chuparse todo/ La estrangulación de sus pulmones será hoy el tope/ para confesar lo
abierto del cedazo/ la tremebunda torsión
/ del iris
Nunca la manada ordeñó tantos zipeproles/ que el LOGO sorbió cual orilla eu playa/ objeto-sujeto/ todo en Emperaire con arcadas muy licuado:/ la
horda manda/ seguir al último candil de noche/ la horda inclina por fin su lengua/ y
descifra al precario traductor que aquí yace
BUITREADO

[26] Mary Shelley. (52)

La presunción del poeta-antropólogo de representar el Logos no es valorada por el grupo marginal, que simplemente lo ve como un "loco" (un tipo) cualquiera (en la pronunciación de la jerga de las tribus urbanas en objeto, la consonante sorda vira a sonora). Tal "logo-loco" será siempre marcado por una posición de extranjería al estar escrito su nombre en mayúscula en el texto. Es así como su tentativa de penetración en otra comunidad, con la tensión hacia una identificación que ésta conlleva, termina en un fracaso, mientras la plusvalía de su trabajo intelectual es absorbida pero no premiada por el sistema postburgués: "logo" puede ser leído también como sinónimo de marca comercial. En este poema, el antropólogo-poeta habla de sí mismo en tercera persona, reduciéndose de sujeto observante a objeto de auto-observación; hacia el final, incluso, se invierten los papeles entre el antropólogo y el grupo observado: "la horda inclina por fin su lengua / y descifra al precario traductor".

En el transcurso de su acercamiento a la tribu urbana, el personaje del antropólogo-poeta ha compartido con ella las noches y las drogas para comprenderla "desde adentro", pero no ha podido acostumbrarse a un estilo de vida que no le pertenece, por lo tanto termina vomitando: "todo en Emperaire con arcadas muy licuado". En esta imagen, la instancia poética conceptualiza lo insalvable de la distancia que separa al profesional universitario de los jóvenes marginales a través de un rechazo espectacular y, justamente, performático: la arcada de vómito. El verdadero significado de la cita del Eclesiastés que, transitando por Mary Shelley, conforma el título del poema −"Quien añade ciencia añade dolor"− se hace inteligible, por lo tanto, no solamente como dolor de estómago debido al consumo de drogas, sino también como conciencia de la vanidad del conocimiento en su pretensión de abarcar al *otro*.

Los vaivenes de la violencia

A través de la retórica de la visibilización excesiva y sobreabundante de la superficie performática de las figuras marginales, la instancia poética procura mapear, por pinceladas, el territorio de la economía real y simbólica de la nación neoliberal. Sin atribuir culpas e inocencias, la instancia escritural simplemente expone, a través de la voz de los locutores, determinadas consecuencias de una administración, tanto de los recursos como de la población, que no está interesada para nada en la "modernización" en sentido progresista e inclusivo del país, sino que se dedica solamente a la proyección de unos pocos privilegiados, desligados de los destinos

Margen, espejo. Poesía chilena y marginalidad social

nacionales, en los flujos del mercado global. La población nacional, por su parte, se reduce a un dócil rebaño funcional a una economía basada en el consumo y el crédito. La actitud violenta de las tribus urbanas vendría a ser un síntoma de la general atmósfera de coacción que, aunque endulzada por la anestesia de la identificación con los modelos de los medias y con la mercancía, el sistema impone sobre la población. En el poemario, esta filiación o interrelación entre las dos formas de violencia es trabajada a través de la imagen de la drogadicción, naturalmente en su aspecto metafórico además que en su aspecto literal. En el poema "[Va siendo el último jaley en Todo Por Tu Dinero]", el locutor, retratado en el acto de pagar, pasa revista a las tarjetas de las multitiendas, normalmente recargadas con cierto monto de crédito, para encontrar algún residuo de dinero, pero sin tener éxito. El carnet de identidad se confunde con las demás tarjetas, con un potente efecto de nivelación entre lo humano y lo mercantil. La isotopía del consumo de bienes comerciales se conjuga con la del abuso de cocaína: "[v]a siendo el último jaley en Todo por tu dinero ... Para entonces / desfila pálida la Angustia" (16), en donde "jaley" sería un sustantivo derivado de "jalar" (aspirar cocaína), que se efectúa justamente alineando la dosis con la ayuda de una tarjeta. Finalmente, el adjetivo "pálida", referido a la angustia de descubrirse sin un peso, puede referirse a la depresión que sigue el consumo de droga. La idea de fondo que el poema logra sugerir es que el sistema de consumo descontrolado que ha sido impuesto sobre la población funciona según las mismas dinámicas de dependencia fisiológicas y psicológicas de la drogadicción. El joven marginal, que recurre al atraco o a la transacción de droga para comprarse ropa de marca y acceder de forma oblicua al sistema que lo excluye, se vuelve un rehén o un producto más de la no tan sutil violencia sistémica. Su agresión puntual contra una propiedad o una persona es, por lo tanto, una de las múltiples facetas de una realidad mucho más violenta que lo trasciende, una respuesta previsible a un abuso de largo espectro.

La hipocresía que subyace a los intentos del Estado por acotar el problema de la drogadicción entre los jóvenes marginales (curiosamente el abuso de drogas entre ejecutivos no es percibido como un problema) constituye el tema de otro texto, que se abre con una cita bíblica: "*Defecitque manna'* / (Y faltó el maná) Josué, V, 12" (32) –una obvia alusión a la cocaína– y se cierra con una nota a pie de página que reproduce las recomendaciones paternalistas del Ministerio de Salud y el Ministerio de Educación para la prevención del abuso de drogas. La amarga ironía que embebe el poema parodia justamente los objetivos y los métodos de las campañas contra la drogadicción, gracias a las cuales los jóvenes se pondrían a salvo de una serie de consecuencias sobre su salud y su conducta. Sin embargo, estos programas no logran incidir en el contexto vivencial de estos jóvenes. De este poema es interesante destacar la identificación de la droga con una comida providencial, el maná bíblico, que abre la áspera experiencia de la pobreza y de la marginalidad al milagro de la evasión. Si no logran conseguir su dosis de cocaína, los jóvenes son condenados a una especie de autofagia que los devuelve, con un toque de ironía cruel, a una condición originaria (representada en la referencia a los gemelos de la leyenda fundacional de Roma) que sin embargo es totalmente estéril:

> [...] / y era en sus axilas
> / y era en sus rodillas
>   Que el hedor del fiambre
>   El quesillo de sus glandes
>   los alimentaba como a Rómulos y Remos/ (32)

Para estos jóvenes, más allá de la droga –"Todas las esquinas tienen polvo que volar Mas todas esperan motes nuevos El vegetal sorpresa" (32), "allí es donde se transa el buen Toscano / el remedio para el parkinson / los mejores Tonariles" (30)–, no hay alternativa alimenticia. En un momento de lúcida autocrítica, el locutor poeta-antropólogo se interroga acerca de su aporte frente a la tribu hambrienta: "y qué les llega? ESTE TEXTO?" (32). Se trata, obviamente, de una pregunta retórica.

Del otro lado de la página impresa, el lector también participa en los círculos de la violencia. Aunque pueda identificarse con el punto de vista del locutor poeta-antropólogo en su intento de acercamiento

Margen, espejo. Poesía chilena y marginalidad social

y voluntad de intelección, el lector probablemente reaccionará, frente al desborde agresivo de la retórica y del mundo simbólico del poemario, con temor, rechazo, incomprensión. Sin embargo, a través de la retórica de lo feo y del choque con una realidad con que el público letrado entra en contacto muchas veces solamente por medio de los noticieros, la instancia escritural está interesada, más que limitarse a *épater le burgeois*, a poner a su lector cara a cara con su voyeurismo practicado como una afición más desde el ventanal de un café literario. El lector es llevado a experimentar como testigo todo el peso de una vida según otras leyes que no le son familiares, pero no en una óptica que deje satisfecho su sentido de íntima superioridad y condescendencia hacia el *otro*, sino a través de un juego que despierta sus miedos al desamparo y a la pérdida de la corona. Podría hablarse, en este sentido, de una suerte de "complejo del Rey Lear", tal como lo plantea Berman en su reflexión sobre las dinámicas psicológicas del individuo burgués en la visión de Marx, sin llegar, sin embargo, al desenlace catártico y trágico de un despojamiento del yo y su entrega a una humanidad desguarnecida y verdadera. El lector se queda en el umbral imaginario del intento, quizás, incluso, aliviado por la conciencia de pertenecer al bando de "los perversos y los brutales", si esto significa "disfruta[r] de todo el calor que puede ofrecer el poder" (Berman 104). La violencia, en sus vaivenes desde el sistema hacia la tribu marginal y desde el texto hacia el lector, ha cerrado un primer ciclo, y queda lista para abrir otros más.

3. La insidia del sol sobre las cosas y Calas, de Germán Carrasco: la mirada insólita del flâneur-voyeur

Las cien y una caras de la ciudad de Santiago, desde los "blocks"[41] de la periferia hasta el Parque Forestal, desde los almacenes de barrio hasta el Club Hípico, desde los peladeros hasta los mercados de la Vega o del Rastro, con la variada humanidad que se puede encontrar en tales lugares —madres solteras, colegiales, mendigos, hip-hoperos, lanzas,[42] aspirantes suicidas, poetas, obreros, prostitutas— son escenario y objeto a la vez de la poesía temprana de Germán Carrasco. La insidia del sol hace resaltar una monstruosa y precaria belleza en estas perlas en bruto. La perspectiva móvil de un merodear aparentemente ensimismado se encargará de consignarlas a la página en forma de bocetos o instantáneas esenciales y centelleantes. No es casual que la producción de este poeta haya sido interpretada, desde su aparecer, bajo la cifra de la *flânerie* urbana: el hablante de los poemas ha sido definido como "el poeta andante, callejero" (Marchant 71), "la voz de un transeúnte" ("Calas" 6), "[el] ambulante urbano" (Rojo, "La poesía inteligente" 75). Carrasco mismo matiza la definición de *flâneur* dándole el sesgo abiertamente sensual de un mirar indiscreto: "el poeta es un *voyeur* que camina lento, observando todo como un verdadero psicópata, como un gato que disfruta los detalles" ("Poesía del sol" C-11). En razón de esta mirada erotizada y casi maniática, desapegada y tierna a la vez, las escenas o los sujetos que serían clasificados como "marginales"

---

[41] Se denomina "block" la solución urbanística y habitacional con que el régimen, entre 1979 y 1983, bajo el pretexto de conseguir viviendas para las familias que vivían en los campamentos, desintegró un modelo de organización comunitaria que según su punto de vista podía ser sedicioso. Los "blocks", concentrados en la periferia de Santiago y en zonas geológicamente peligrosas, en los años 90 y hasta la actualidad son sinónimos de marginación, violencia, alienación social.

[42] Ladrones que asaltan a las personas en lugares públicos para robar especies como carteras y celulares, y se escapan corriendo.

Margen, espejo. Poesía chilena y marginalidad social

bajo una perspectiva usual se desdibujan y se camuflan dentro de un panorama vuelto totalmente familiar, para luego reaparecer como presencias estéticas en que se detiene, con pudor y asombro, la caricia visual del locutor, o como erratas que interrumpen, con su belleza imprevisible, la monotonía de la planificación urbana.

Si aceptamos esta identificación del locutor con la figura del *flâneur-voyeur*, es porque en nuestra lectura nos concentraremos en las formas en que se estructura la mirada sobre escenas que rehúsan dejarse inscribir en la definición de "marginalidad" urbana, ya que han sido despojadas de las precomprensiones que impedirían el inesperado abrirse de la visión a los nimios milagros cotidianos.

El flâneur montajista

Benjamin, en su vasta obra sobre la figura del *flâneur*, postula que la práctica de la *flânerie* es estrechamente vinculada a la mirada: una mirada que observa, pero también que lee, esto es, reelabora la impresión. Tal observación desemboca luego en la escritura o en el arte: se trata de una lectura productiva. La reflexión de Benjamin subraya entonces la dimensión disruptiva y crítica de esta observación y de esta producción. La mirada y su producto artístico pueden volverse sospechosos, incluso peligrosos en relación con el *status quo*, porque desmontan los *clichés*, y se adentran más allá de las apariencias (Frisby). La encarnación por excelencia de esta actitud heurística son las imágenes dialécticas que, como destaca Willy Bolle (*Fisiognomía*), no son dadas empíricamente, sino que son el resultado de una construcción. De hecho, el principio del montaje en que se basa la configuración de estas imágenes se revela útil para despertar la conciencia del lector o del público a través del choque entre sus partes, y también para investigar, indirectamente, el imaginario colectivo, es decir las representaciones que una comunidad social hace de sí misma y de sus *otros*.

Los planteamientos metapoéticos que están a la base de *La insidia del sol sobre las cosas* y *Calas* se remontan a esta genealogía hermenéutica. En ocasión de una entrevista con *La Nación* en 2010, el poeta ha declarado:

> La función del arte es que el texto te ponga en un estado que te permita ver la realidad, simplemente verla ya que a veces se nos pasa de largo. Ver la realidad con lirismo, como un filme, en su belleza, en su ternura social. El poema se prolonga en la realidad, que no se note el pegamento o la costura entre texto y realidad. (García s/p)

La invisibilización del pegamento entre texto y realidad es el efecto de un refinado trabajo retórico que no es nada ingenuo y que abreva del acervo de una cultura literaria muy sólida: de hecho, es el poema lo que se prolonga en la realidad y no al revés. La mirada de la instancia poética no es ni prístina ni inocente, como tampoco lo es su relación con lo real. Como en la *lectio* benjaminiana, la imagen no se concede espontáneamente; por lo contrario, es necesario articularla en el montaje: solo así es posible verla. En el poema "Oficio", en *La insidia del sol sobre las cosas*, la distancia difícil de salvar entre lo real y la página, entre la percepción y la creación, es expresada en los siguientes términos:

> El instante
> se resiste al papel con celos de escándalo callejero, público
> por motivo de prendas en demasía delicadas para su exposición al sol
> y se resiste una niñita que descubre sus primeras palabras
> frente a un micrófono o una cámara con la familia expectante. [...]
> El instante era para ti, no para la página:
> las palabras se convierten en un montón de perros cojos y sarnosos
> que no te dejan comer haciéndote cariño en las piernas bajo la mesa
> en un subdesarrollo de pesadilla transpirada [...]. (48)

La experiencia cotidiana es rescatada porque se encuentra bajo un rayo luminoso inusitado —cuya metáfora es el sol insidioso de las tres de la tarde— que la instancia escritural logra trasferir en el aura deslumbrada del poema a través de la operación consciente del montaje, de la adopción rigurosa de una mirada nunca casual. La instancia escritural combina en un mismo nivel estético y emotivo la humanidad postergada y la belleza de la primavera: "con olor a esquizofrenia y humildad entre las piernas abiertas de la loca —canas, arrugas nuevas y ojos vidriosos—; con el sosiego ante los sorpresivos

Margen, espejo. Poesía chilena y marginalidad social

brotes del jardín o los brazos rotos de un ciruelo púber" (23). La poesía es un proceso que debe llevarse a cabo "sin amor en la soledad más absoluta, con la voz saliendo apenas. En silencio" (23), es decir, con la máxima concentración y autoconciencia, con la suavidad y el pudor de una dicción *sotto voce* que roza la afonía. El procedimiento poético no consiste en asimilarse al objeto, en dejarse absorber por él, homologándose a su prosaísmo; consiste, por el contrario, en encontrar la justa distancia, que, como advierte Alejandro Zambra, es ajena "a la impostura del observador participante o del intelectual que domina un escenario paternalísticamente, reacio a juntarse con la chusma" (137).

La alquimia se habrá llevado a cabo correctamente si, a partir de las imágenes seleccionadas, surge un halo, algo indefinible que tiembla en la superficie de las mismas. Con razón, la crítica argentina Susana Cella piensa en la catacresis[43] como figura retórica que caracteriza este cerco evocador: "No pocas veces Carrasco inicia los poemas con una comparación [...] que menos que inducir al símil metafórico nos acerca a una catacresis, hay algo no dicho que remite a una falta de palabra total, condensadora, por tanto, un decir en menos" ("Contemporaneidad lírica"). El hecho de expresarse por defecto instala el sentido (tanto perceptivo como intelectivo) en los vacíos y las fisuras, sin fijarlo. La apertura extrema producida por el montaje de imágenes o elementos aparentemente lejanos es la forma a través de la cual la instancia poética rastrea y solicita, en las fantasmagorías del imaginario colectivo, aquellos puntos críticos que pueden hacer desplomar el castillo de la hipocresía detrás del cual las desigualdades y las injusticias proliferan en la sociedad, marginalizando sectores sociales completos. El discurso poético enseña así su alcance crítico, no a través de la transmisión de un mensaje explícito, sino gracias a la extrema lucidez en la mirada que ofrece a su lector.

---

[43] La catacresis consiste en atribuir a un objeto o concepto características que no le serían propias, por falta de términos específicos y adecuados. Por ejemplo, "las patas de la mesa".

La mirada erotizada: campos largos y planos fijos

Una primera estrategia retórica que permite que los juicios y prejuicios del ciudadano se modifiquen es la erotización de la mirada de la figura mediadora del *flâneur*, quien se vuelve así *voyeur*. Es la mirada "insidiosa" (*Insidia* 81) de quien "finge limpiarse las uñas" (*Calas* 60), y está en realidad al acecho del instante precioso, de la oportunidad de atisbar lo que lo seducirá, poniéndose a "mir[ar] por la hendidura" (*Insidia* 10) o bien esperando el golpe de viento que "por amor al telescopio, entreabre la cortina" (19). El *flâneur-voyeur* coincide con el locutor y a menudo también con el personaje del poema, en un juego de cajas chinas. La mirada del lector queda absorbida en la suya, puesto que una serie de variaciones enunciativas lo acercan y lo atrapan en su cerco perceptivo: la apelación directa al locutario —"no tiene rumbo tu divagar" (17); el uso del sujeto plural "nosotros" como captación de otro espectador en el mismo fisgoneo —"pensamos, por un momento, dirigir el telescopio a otra ventana" (*Calas* 76); el uso de infinitivos, que desglosan el prontuario del *voyeur* —"observar la danza sin afán aprehensivo" (*Insidia* 10); la despersonalización del personaje del enunciado —"alguien recorre ferias vivas" (59); la generalización de determinadas sensaciones —"ganas de tener cáncer, de quemar billetes" (60). De esta forma, el ojo del *flâneur-voyeur* se vuelve la bocallave a través de la cual el lector espía las escenas cotidianas que, con un simple cambio de perspectiva, adquieren un inesperado valor.

El poema "(I) Fachadas continuas" (*Insidia* 17-18) retrata el microcosmo de una entera manzana de los barrios populares a partir de la *mise en abîme* generada por la mirada del locutor-*voyeur* que se apoya, en su fisgoneo, en la mirada de una locutaria adolescente también absorta en el acto de observar. El espacio visual se escalona, por consiguiente, en tres niveles: el del *voyeur* supuestamente parado en una ventana, el de la niña en movimiento, el de los habitantes de los departamentos de la manzana absortos en sus actividades. Mientras observa a la chica que se introduce en el laberinto "superpoblado de gatos" (19) formado por el conjunto de edificios,

Margen, espejo. Poesía chilena y marginalidad social

el locutor entretiene con ella un diálogo mental al límite de lo prudente. El locutor, al dirigirse a la adolescente, utiliza un modo de expresarse que supone un conocimiento previo y que, al mismo tiempo, insinúa de a poco la existencia de una relación erótica con ella. Los dos versos "Ahí seguramente encontrarás muerto a Julián / o con otra, o esperándote" (19) implican un contexto de relaciones sexuales pasionales y relajadas, mientras el fragmento "la curiosidad en vez de matar, sensualiza" (19), referido a ella y a las mujeres que como ella curiosean, revela la postura deseante del locutor hacia la adolescente. El centro del poema es ocupado por esta seducción imaginaria:

> Yo corté, con oportunismo, pensando en estos casos,
> algunas calas azules para ti, que amas ciegamente
> todo tipo de cerrojo y cosas nuevas,
> cualquier promesa de violación
> en estas fachadas continuas de abandono.
>
> Lamentablemente no soy el nectario que ansías
> y su amor de un par de horas que supera
> hasta el erotismo del noviazgo más perfecto;
> yo también –como Julián–
> (muerto, con otra, o esperándote, ya dijimos que eso
> no tiene relevancia puesto que tu paseo
> es eterno, pequeña eutrófica)
> yo también amé a las amantes de los cerrojos,
> las calas y los gatos azules
> (el mejor juego y el más peligroso)
> y el recuerdo de la que amé es ahora un anafrodisíaco
> que vale la pena vencer o revertir con violencia,
> oscuridad, desamparo y todo eso
> porque eres bella. [...] (20)

En estas dos estrofas, la chica es representada como una especie de Lolita ("amas ciegamente/ todo tipo de cerrojo y cosas nuevas", "pequeña eutrófica") y se explicita la disposición amatoria del locutor, quien se propone como "nectario" ("un donjuán sin escrúpulos, golfo embelesador y oportunista", como se precisa en el pequeño glosario al final del volumen), en un primer momento reacio al encuentro amoroso, pero luego dispuesto a vencer la desilusión debida a experiencias negativas anteriores. La puesta en escena de una seducción absolutamente imaginaria, realizada en el hilo de la mirada, es enmarcada por la descripción, al inicio y al final del poema, del espacio que se extiende delante de los ojos del locutor y en el que se mueve, curiosa, la joven fisgona. La arquitectura del poema se convierte, por lo tanto, en la visualización de la estructura telescópica de la mirada del *voyeur*: en un extremo está el *voyeur* y en el otro extremo están sus fantasías eróticas, circundadas por el trajín cotidiano de una especie de enorme conventillo. La nitidez focal es garantizada para cada uno de estos escalones, como en la técnica de la profundidad de campo en el cine. Sin necesidad de insertar cortes, se trata igualmente de una técnica de montaje, como observa Jaques Aumont (*Estética del cine*) acerca del efecto de ciertas célebres escenas de *Citizen Kane* de Orson Welles. El antecedente ilustre, en campo cinematográfico, para este tipo de organización de la escena, es revelado en el poema siguiente: "The Rear Window de Hitchcock". Precisamente como en la famosa película de Hitchcock,[44] el escenario que se abre delante de los ojos del locutor –y de la adolescente-*voyeuse* en segundo plano– se subdivide en decenas de microescenas que se desarrollan contemporáneamente. Por una parte, al principio, "pasillos interconexos, atestados / de fotocopiadoras, computadoras en desuso, / carniceros en plena faena, viejos que fuman / y una niña que mira por la ventana y piensa jugar / en la plaza, que es de todos" (19); por la otra, hacia el cierre,

> [Mira] en un cuarto un parto o un aborto, en otro
> un estudiante pobre lee a Marx o al Fürer
> y luego busca trabajo en los Clasificados Económicos
> (haz la prueba, interrúmpelo),
> en otro una niña hace sus tareas escolares
> o un fisioculturista infla sus músculos
> y hasta hay gente que reza. (20)

---

[44] En la película *La ventana de atrás* también el protagonista mira, a través de un binocular, a su novia mientras se introduce en un departamento del edificio de enfrente para investigar.

Margen, espejo. Poesía chilena y marginalidad social

Al poner en el mismo plano, como en una equivalencia, polos tan alejados como un parto y un aborto, el Fürer y Marx, la instancia escritural está exhibiendo situaciones de marginalidad social sin emitir ningún juicio explícito. Sin embargo, el efecto es poderoso. El hecho de mencionar un aborto ejecutado en casa significa que, a finales del siglo XX, Chile, el "jaguar de América", no ha solucionado el tema de las desigualdades sociales: una chica de limitados recursos económicos, si quiere abortar, tiene que recurrir a métodos ilícitos y totalmente arriesgados para su salud y su vida, así como, en el otro caso, tiene que parir en casa no por elección sino por necesidad. El estudiante, por su parte, a pesar de embeberse con la ideología de derecha o izquierda, finalmente se adapta a las circunstancias y busca un trabajo cualquiera. Además, al mezclar tales situaciones con la normalidad de las faenas de todos los días, la instancia escritural consigue poner en tela de juicio el mismo concepto de normalidad. Si la visión de un aborto sin asistencia médica se combina a la de un fisicoculturista entrenando sin provocar ningún tipo de reacción, entonces el problema está tanto en el referente real como en la mirada de quien lee. Ninguna de las deducciones recién expuestas, sin embargo, es sugerida explícitamente en el texto. La instancia escritural parece estar mucho más interesada en la posibilidad de desorientar al lector en sus mecanismos de evaluación de un fenómeno dado. Si la opción retórica de abrir al máximo el campo perceptivo, montando múltiples elementos en un mismo cuadro, permite asignarle al lector la libertad de asumir una posición personal y autónoma en relación con lo exhibido, el hecho de connotar en un sentido erótico y por lo tanto insólito la mirada interrumpe la libertad en la configuración de un sentido. El poema propone al lector "continu[ar] el recorrido / y sus consecuencias" (20), al cabo del cual su despertar a una nueva perspectiva sobre las cosas puede ser tan morbosamente arriesgado para la conciencia como el intercambio erótico entre un adulto y una adolescente para una mentalidad conservadora.

Otro ejemplo que permite observar la total ausencia de juicio de valor y la elección de un punto de vista inesperado es el poema, más breve, titulado "Puta", en que la mirada se posa sobre un plano fijo, casi una foto instantánea. En lugar de presentar una escena de marginalidad que pueda desatar una reacción compasiva o moralista, la instancia escritural desmenuza el significante de "puta" en sus cuatro fonemas, acompañándolos con la clasificación fonológica respectiva e imágenes o sensaciones en asociación libre. En el centro del poema, entre paréntesis, surge la imagen de la mujer según el *cliché* de los modelos *pin-up* de los años 50, soplando un diente de león en una actitud que insinúa las facciones y los labios de Marilyn Monroe:

> (una u sus labios rojo intenso al soplar con hermosos ojos vacíos,
> las pelusitas –estambres– que se dispersan lentamente, que vuelan como cartas
> dejando un pistilo desnudo ante el cual sus labios insisten
> en permanecer en forma de una u de tiempo detenido) (*Insidia* 37)

La invitación al lector a desandar los caminos del imaginario colectivo sobre determinadas situaciones de marginación social no renuncia entonces a un rigor compositivo extremadamente culto y refinado. La mirada del *flâneur-voyeur* en ningún momento del procesamiento de la imagen es casual, descuidada, imprecisa; por el contrario insinúa siempre algo más de lo que dice, confiándolo al poder revelador de la imagen.

La mirada-montaje

En lugar de la indecidibilidad, casi indiferencia, entre una opción u otra en el montón de objetos rotos o en desuso propia de *La insidia del sol sobre las cosas*, el segundo poemario de Germán Carrasco estructura de forma ceñida la mirada, a través de la solución retórica de un montaje clásico, que deja más trazada y señalada la línea interpretativa.[45] Sigue dominando, sin embargo, la

---

[45] La posición ideológica de la instancia poética, en otras palabras, se hace más explícita. Véanse, por ejemplo, anotaciones como la siguiente: "Oh, Chilean Spoon River!: /

Margen, espejo. Poesía chilena y marginalidad social

tendencia de las palabras a limitarse a rozar el núcleo inexpresable del objeto poetizado, para que éste pueda manifestarse por su cuenta. El poema titulado "Cata Vielma", si bien no presenta un montaje, es un ejemplo interesante para entender este curioso estrabismo de la mirada. El personaje del enunciado (la sobrina del autor) es denominada "pequeña eutrófica" como la adolescente del poema de *La insidia*. El locutor la interroga acerca de su trato con un vagabundo:

> [...] al acercarte a ese indigente e ignoro qué transacción hacer
> entre cartones malolientes —yo como idiota con tus cosas— ingenuidad,
> curiosidad, qué sino *una colilla rodeada de moscas*
> como dijiste con una mirada que desconocía. (45)

La estructura del poema hace converger la atención hacia la colilla rodeada de moscas. Se trata de un ardid: el *punctum* barthiano de la imagen coincide, en realidad, con lo que no se puede ni se quiere apresar, la supuesta "transacción" de la sobrina con el indigente, que cae fuera de la escena de lo representable, y se puede conocer solo por sus efectos: una luz rara y desconocida en los ojos de la muchacha. El nudo central del poema queda tachado, escondido detrás de una mácula oscura, y de allá irradia el espectro de los sentidos posibles.

La tachadura o mácula metafórica se vuelve gráfica en el poema "Historias de la lengua y tu saliva, divinum vinum (historia de las bocas y las lenguas a la hora del agua y el vino)" (66), en donde aparece como un puntito negro que pone en relación, como el pivote en un díptico o la pausa oscura entre imágenes fílmicas, dos anécdotas sobre el tema de la lengua. Aquí también tendrá la función de señalar el sentido encubierto, incomunicable, huidizo de la composición. Este "sentido" —material e intelectivo— es creado por el roce entre dos imágenes en el montaje.

> Catrileo hace mucho llegó a esta ciudad. Su vejez transcurre sin sol ni verbo en una panadería. Un día, en la taberna de los viernes encuentra repentinamente a otro peñi, los dos son casi monolingües y conversan. El nuevo peñi quizá ha de correr la misma suerte.

---

que nuestro vecino de infancia construya un castillo con doncella y todo / al lado de nuestra ½ agua sencillamente nos revuelve el estómago [...]" (109).

> No son hombres de nostalgia, por lo que hablan de los TRUCOS DE SUPERVIVENCIA
>
> y saborean el lenguaje como un vino conocido que no se ha probado en años.

> O la ocasión en que salí del otro lado de la piscina y vi a la adolescente oriental –nipona, flor rara– besando a un niño de aproximadamente ocho años. Lo chupaba y le metía la lengua en la boca, él hacía lo mismo. No podía ser su hijo, *he's my little nephew* me dijo luego, cuando nos hicimos las preguntas de rigor, que no deben hacerse cuando uno recibe un golpe de sensualidad en la conciencia. (66)

Aprovechando la polisemia del término, la lengua es investigada en tanto idioma, órgano de gusto y órgano sensual. Ambas escenas, además, son aunadas por el hecho de presentar una infracción a la norma. Por una parte dos viejos mapuches interrumpen el monolingüismo castellano de Chile con su propio monolingüismo minoritario, precario y circunstancial, gozando por unos pocos momentos de las sílabas, los sonidos, las entonaciones de un idioma de pronto recobrado, como si fuera un "vino conocido que no se ha probado en años". A través de la mención del vino, la función identitaria de la lengua en tanto idioma es potenciada al ser comparada con un órgano de sentido primario, indispensable tanto para la supervivencia (el comer) como para el disfrute (el saborear un alimento o una bebida). Por otra parte, la adolescente japonesa pervierte con naturalidad los preceptos de la moral y de las buenas costumbres, con un acto que procura estupor y alarma –de allí la necesidad por parte del locutor de investigar acerca de su relación con el niño– a la vez que una oleada de sensualidad difícil de admitir: "un golpe de sensualidad en la consciencia". A través de la articulación o intervalo representado por el puntito negro, la provocación *politically-incorrect* producida por la perspectiva erótica aplicada al supuesto acto de incesto y pedofilia se extiende al cuadro anterior, con el resultado de que la interrogación por la regulación de los tabúes, fetiches y exclusiones de lo abyecto en la conducta sexual de la comunidad social se ensancha al terreno de lo político. Si es tan

Margen, espejo. Poesía chilena y marginalidad social

inmediato percibir como pervertidora e inconcebible una práctica erótica como la de la adolescente con su sobrinito, el montaje en el poema insemina la duda de que, probablemente, el mecanismo del tabú y de lo abyecto opera también en la administración de la relación entre la "mayoría", que se autopercibe como "neutra", y la "minoría", clasificada como "étnica". De esta forma se denuncia el hecho de que, en los 90, la defensa por parte del pueblo originario de su lengua, su cultura y sus derechos políticos es percibida en realidad con desconfianza y rechazo, como una desviación, una perversión, algo que en definitiva "no debería ser".

Montajes entre poemas: la mancha o errata

La fisura, el espaciamiento en que se inserta la diferencia de potencial entre dos imágenes en el montaje, según la propuesta de Deleuze en *La imagen-tiempo*, puede encontrarse también en un nivel superior, en la disposición de los poemas. La instancia escritural administra la sucesión de los mismos en el libro para obtener tensiones y atracciones entre imágenes diferentes. Es el caso de los poemas "Acerca de la muerte de dos perros guardianes y la congregación de quiltros" y "Hancher Auditorium". El primero describe un suceso de crónica negra: un pastor alemán cuelga, ahorcado, de un puente cerca de una línea de trenes de la cual, antes del suceso, un empresario y un guardián con una decena de perros habían desplazado a una comunidad de mendigos y a otros marginales. Poco después se produce la inmolación de otro perro. El locutor supone una conexión entre los hechos, o por lo menos un simbolismo premeditado que escondería "una lucha territorial, la batalla de una guerra que ya está casi perdida: la lucha del hombre primitivo —un paria, un quiltro— contra otros hombres" (71). La contraposición fundamental, como se puede apreciar, es entre dos clases de perros: los de raza, los pastores alemanes (los perros reales), y los perros callejeros, bastardos, término con el cual la instancia escritural decide referirse a las personas marginales. Como anota el locutor, sin embargo, "[s]e trata de una comunidad de quiltros, pero no quiltros consumidos por la tiña: aún poseen algo de rabia, pese a ser perdedores y gente sin expectativas. Jamás mendigarían una cama en el Hogar de Cristo" (71). De hecho, a través de la imagen del perro ahorcado, llegamos a recordar otra condena a muerte simbólica: el ahorcamiento del muñeco en escala natural, con la cara del dueño de la fábrica, en el período anterior a la dictadura por los obreros de los cordones textiles, comprometidos con una actividad de base y sindical muy fuerte, ideológicamente afín a la de la Universidad Popular.[46] De acuerdo con el procedimiento dialéctico planteado por Benjamin, gracias a la imagen un poco patética e inquietante del perro se dispara, desde el fondo de la memoria, la asociación con la densidad simbólica de lugares como los cordones industriales, protagonistas, junto con las universidades y los asentamientos campesinos, del movimiento nacional-popular en los años 60 y 70. El ahorcamiento de los perros acaece, como anota el poema, en 1997, cuando se inaugura la línea 5 del metro en Santiago: "[p]ero este tubo crea nuevos espacios para el crimen, la poesía, los mendigos, los graffitis, la pasta base. Porque el metro cruza aséptico e impecable por arriba, pero bajo el tubo se vuelven a congregar los cartones y los quiltros" (71). En otras palabras, si la batalla frontal entre la comunidad marginal y la voluntad de orden de los poderosos está perdida en ventaja de estos últimos, a la primera le queda la paciente transmigración a otro lugar, porque los espacios de una ciudad lanzada hacia adelante en su afán modernizador podrán siempre ser convertidos a otras funciones, y la perfección ingenieril siempre acabará transformada por la imperfección de la vida.

El valor ético-estético del pervivir del marginal a pesar de todo adquiere brillo y profundidad al ser puesto en relación, a través del montaje, con el poema siguiente en el libro. Este último representa

---

[46] La Unidad Popular es la coalición electoral de partidos de centro-izquierda que se formó en 1969 y que llevó a Salvador Allende al poder en 1970. La idea de fondo que la animaba era el tránsito democrático al socialismo a través de medidas como la co-participación de los trabajadores en las empresas, la nacionalización de la industria del cobre, los subsidios alimenticios a los niños pobres.

Margen, espejo. Poesía chilena y marginalidad social

a un equipo de fotógrafos atareados en sacar fotos promocionales del Auditorium Hancher en New York, lugar que acoge las mejores producciones teatrales y musicales del mundo. Las condiciones de luminosidad son perfectas, sin embargo en el medio del arco de la fachada se posa un cuervo, como una mosca en el medio de un pastel:

> Ahí posa, sacando pecho, autoproclamándose, proponiéndose ufano como signo y emblema sin que nadie se lo haya pedido, ninguneando el arrogante y fastidioso halcón que representa el espíritu pujante y agresivo de este Estado o estrella, del inexplicable football americano. (72)

Las tentativas de los fotógrafos de sacarlo de en medio con el lanzamiento de piedrecitas solo lo fastidian en lugar de ahuyentarlo. La prosaicidad del cuervo, que eclipsa la noble águila americana del emblema nacional y estropea la imagen impecable con que una administración pretende complacerse de sus logros, se coordina con otro *misplacement*, el de los mendigos santiaguinos del poema anterior. Ambos testifican el potencial de irrupción e interrupción de la mancha, de la errata, de la imprevisible capacidad de la vida de imponer su curso y sus variables sobre el meticuloso diseño urbanístico y comercial.

La caricia y la voz

Zygmunt Bauman, en su obra *La ética posmoderna*, propone que la relación moral entre dos personas franquea el límite de la pretensión de conocer, representar, definir, dominar al otro. Como alternativa expone, desarrollando el pensamiento de Lévinas, la ética de la caricia, que no pretende atrapar ni imponer una determinada configuración identitaria. En particular, "[l]a mano que acaricia siempre se mantiene abierta; nunca se cierra para "asir"; toca sin oprimir, se mueve obedeciendo la forma del cuerpo que se acaricia..." (107). La caricia no invade ni se deja invadir, respeta la inaccesibilidad del *otro*, es un juego abierto al devenir.

Podemos ver en la actitud ético-estética que subyace a la obra de Germán Carrasco una correspondencia con la meditación de

Bauman, a condición de que se considere como central no tanto la figura del ser marginal, sino la "caricia" que acontece entre éste y el locutor. La instancia poética se concentra en el roce –suave, áspero, elusivo, amenazante– con la individualidad de otro ser que se encuentra en determinadas circunstancias existenciales; con la individualidad de otro ser que se constituye más como fenómeno estético que como encarnación de una categoría social específica. El sujeto marginal, de esta forma, no es representado, sino que acontece, en armonía con el estado anímico del locutor. Como en el caso del *punctum* poético no revelable, o del sentido perceptivo e intelectivo que se queda temblando en la superficie de las imágenes o en las fisuras entre ellas, la caricia alude a un contacto que queda fuera del reino de la representación, no por una imposibilidad constitutiva, sino por una ética del pudor hacia el misterio del instante y de la inconmensurabilidad del *otro*. El sujeto marginal, en consecuencia, se manifiesta de forma sesgada, perfilada, incluso en los poemas que parecen centrarse exclusivamente en el encuentro "acariciador" entre él y el locutor. El efecto de esta solución retórica es una "normalización" o "desaparición" del marginal en tanto categoría supuestamente separada del resto del cuerpo social y su "aparición" como elemento puramente ético-estético.

Un ejemplo de este tratamiento de la figura marginal se puede encontrar en el poema "El Sobao", que presenta una interesante inversión entre sujeto observador y sujeto observado. La mirada atenta y la capacidad de lectura de la realidad que caracterizan al *flâneur* se reproducen en un vagabundo que se transforma en el reverso especular del locutor, en su *némesis*. Todo el poema resulta atravesado por líneas que van de lo alto a lo bajo y al revés, sugiriendo una inversión carnavalesca de los polos. Desde lo alto de su ventana, el poeta ve al mendigo escudriñar en la basura (movimiento hacia abajo) y luego lo ve sentarse con los pies en alto "cual jefe de una empresa o temible fiscal que fuma tras un escritorio enorme" (64) (movimiento hacia arriba). De los muchos desechos que ha seleccionado en el tacho de la basura, como el *chifonnier*

Margen, espejo. Poesía chilena y marginalidad social

benjaminiano que reconstruye la imagen de una sociedad a partir de sus sobras y sus restos, el mendigo escoge unos papeles arrugados, intentos fallidos de poema que han sido tirados (movimiento hacia abajo), y se pone a leerlos "negando sonriente con la cabeza / y otras veces con un aire que da miedo" (*Insidia 64*) como un juez bíblico (movimiento que vuelve hacia arriba, donde se encuentra el locutor). De la misma forma como su "silbido de pobre penetr[a] en los sueños de los hombres que duermen" (64) de la cita borgeana que introduce el poema, el juicio de este crítico literario improvisado se abre camino hacia la intimidad del locutor/personaje: el hecho de que éste se encuentre en lo alto de su departamento no lo salva de la mirada intensa y casi espantosa de quien está abajo y con su actitud se pone por encima de todos. La instancia escritural trabaja exclusivamente a través de las actitudes corporales de los dos personajes; no determina al mendigo en un sentido marginal, sino que hace resaltar su condición al asimilarlo, provocativamente, a su contrario, el ejecutivo, el hombre de terno y corbata. Importante, en este sentido, es también la decisión de titular el poema con el apodo, individual y característico, del hombre en cuestión, "El Sobao". El *punctum* del poema, su corazón de sentido, reside en el encuentro entre los poemas fallidos y la lectura privada del vagabundo, de la cual se ofrecen a la vista solamente los efectos exteriores; se inserta en el cruce de las líneas trazadas por sus piernas elevadas casi con insolencia y la mirada del locutor en lo alto del ventanal subyugada por la figura que está abajo. El hecho de que se pueda leer en este poema una polémica, irónica, con el mundo de la crítica literaria, deja mayormente difuso el perfil del vagabundo, quien, según esta interpretación, pasaría a ser una metáfora para que se exprese otro tipo de concepto. El poema adquiere así espesor e indecidibilidad, en un juego que se apoya en las referencias cultas, en la finura de la construcción plástica y en la recreación de una escena supuestamente real.

La caricia visual y la caricia vocal

Puesto que el acontecer de la presencia del *otro* se da en una situación de presencia simultánea con el locutor, el estado anímico de quien habla es de primaria importancia para determinar cómo será la "caricia". Veamos algunos ejemplos desde el poemario *Calas*. La caricia puede ser aplacadora al insertar al marginal en el campo perceptivo del locutor como algo perfectamente usual y dado por sentado. Véase, por ejemplo, el poema "La sangre tira" (11): unos cartoneros, con su ajetreo, componen un paisaje sonoro que el locutor ausculta en la soledad de la noche, dedicándole la misma atención que al frescor del aire o a las estrellas. Por contraste, el locutor puede desatar su fantasía en un sentido de hipercaracterización de la figura en objeto. La óptica adoptada parece ser la de los ojos deslumbrados de un niño, que superponen los mendigos a criaturas inquietantes, casi monstruosas: "(aprendices de brujo, charlatanes, mezcla rara de santos y no sé / qué otra cosa) [...] Hoscos hombres mudos que no acatan órdenes ni creen; / misántropos, cartoneros, hijos de la soberbia, mendigos, buitres de la basura" (17). Hay también situaciones en que la caricia es solo esbozada: en "The Final Zap" (123) un niño mendicante, a través de la modalización epistémica de la duda –"(cómo saberlo)", "no sabe para qué"–, se queda como una visión fugaz, inexplicable.

Análogamente, el aparecer de la locución del individuo marginal en el marco del poema, tiene que ser leído según una perspectiva que fluye hacia el polo del locutor principal. Este último es, naturalmente, el *flâneur*/poeta. Las voces de los marginales resultan doblemente filtradas, por la instancia escritural primero, y, en un segundo nivel, por la interacción con un locutor en que se ficcionaliza la autoridad poética. Desde el punto de vista del peso que tienen en la economía del poema, las voces de los marginales se limitan a una frase o a un verso. Véase, por ejemplo, la frase pronunciada por un vagabundo del hospicio: "chingas o te chingan / en el chingadero eterno del sistema" / (como repetía hasta el cansancio uno de ellos)" (20). En este caso, la instancia escritural reproduce, entre comillas, las

Margen, espejo. Poesía chilena y marginalidad social

palabras del indigente, pero éstas resultan estéticamente organizadas como en un epigrama. En el poema siguiente, las palabras de un vagabundo que acude al Hospicio de los pobres son introducidas por un renglón, pero en el espacio de un verso vuelven a fusionarse con la voz del locutor principal que reitera el *leitmotiv* del título al primer poemario de Carrasco:

> —Cuando se cumple un horario nos arrojan al frío
> o a la insidia del sol sobre las cosas: luz de la que nos protegemos
> como pájaros raros bajo la sombra del Quetzal. (22)

Un tercer ejemplo de simbiosis entre los locutores es una reescritura o traducción a un inglés correcto de la transcripción desviada de los versos pertenecientes a un demente. El locutor asume la responsabilidad de producir "para muestra un botón [de los] 9.000 poemas (!)" (58) escritos por este sujeto, de forma que se crea una *mise en abîme* de voces supuestamente poéticas. La voz del marginal, en este caso, se inscribe completamente, hasta el punto de ser reescrita, en la del locutor primario:

> OInoy Ouno
> O Heehus urche sfort rash
> S O S urli findson litrash
>
> Cuya traducción sería
>
> O, I know, you know
> He who searches for trash
> so surely findes only trash. (58)

Como estos ejemplos demuestran, la voz del sujeto marginal aparece de forma mediada según varios grados de elaboración; una vez más, lo que importa no es la escucha directa de la supuesta voz del marginal, sino el producto de la interacción entre su presencia y la perspectiva del locutor principal. Se podría argumentar, incluso, que esta cercanía, este contacto por medio de una "caricia" ahora vocal, llega al extremo de la fusión, en un idiolecto que recoge los sociolectos y las inflexiones más dispares. Como anota Alejandro Zambra:

> [...] un propósito del poema parece ser el hallazgo de giros de lenguaje en la más heterogénea gama de clases y subclases sociales (Ashbery: mezclar lo elegante y lo demótico). Los límites entre adentro y afuera, identidad y alteridad, se difuminan en la medida en que la actitud parasitaria del poeta (en el sentido señalado por J. Hillis Miller: huésped y parásito se contaminan mutuamente hasta que sus roles resultan indiscernibles) se transforma en un gesto estructural. (136)

La voz del *otro* se vuelve un gesto interior, un ejercicio de tensión y flexión del habla privada entre reverberaciones comunes e idiosincrasias individuales.

La compenetración de las voces concurre, junto con el procedimiento del montaje y la matización estética y/o erótica de la mirada que se dirige al ser marginal, a descarrilar las costumbres perceptivas enraizadas en el lector, limpiando el terreno para el encuentro con el *otro*. En la poesía de Germán Carrasco dominan una mirada y una voz desprovistas de filtros y prejuicios; una mirada y una voz que acarician más que imponer moldes, sin renunciar a la unicidad ético-perceptiva de un testigo peculiar: el *flâneur-voyeur*. Es así como la instancia poética restituye su objeto a la dignidad de sujeto, a través de una *epojé* (suspensión) del juicio y del afán caracterizador. Emerge, por el contrario, un ser singularizado en sus rasgos personales que responde solamente a los parámetros de la vivacidad estética y de la ternura ética.

*IV. La década del 2000:
Ambivalencias de un término
vaciado*

1. Entre lo concreto y lo simbólico

En gran parte de la crítica periodística que se ha ocupado de los trabajos de los jóvenes poetas Gladys González y Juan Carreño se evidencia una dificultad: cierta incomodidad respecto al uso del concepto de marginalidad. El término es resistido o impugnado en referencia tanto a la situación económico-social real que se retrata como al lugar de enunciación del poeta, o a las soluciones retóricas adoptadas. Por ejemplo, Gonzalo Abrigo, en relación con el poemario de Carreño, discute la aplicabilidad del término "marginal" para definir la posición del poeta en el campo y el canon literario, a la vez que hace un lúcido autoanálisis de la labor del crítico literario:

> ¿Qué es la poesía marginal? ¿César Vallejo fue un poeta marginal? ¿Maiakovsky fue un poeta marginal? ¿Pasolini fue un poeta de los márgenes? Hay un centro y hay una periferia. Hay también la distancia entre los factores y el área que inaugura esa distancia.
> ¿Qué brota en ese campito? ¿Lenguajes de mayor y menor circulación? ¿Códigos conjugados en una parcialidad del área? ¿Argots, localismos, slangs, coas tribales extremadas en esa misma área? ¿Realmente? ¿No es esto un predio de tinte artificial? No vaya a ser que la propia jerga utilizada por los críticos sea la que fabule esa fisionomía, esa dudosa topografía literaria. [...] Decir que este libro es una poesía hecha desde la marginalidad, es apelar a un lugar común inofensivo. (s/p)

Por lo que atañe al referente poetizado, la reciente conciencia acerca de los mecanismos biopolíticos modifica el léxico adaptándolo a la contemporaneidad. Ya no se habla de marginalidad *tout court* sino de "operaciones de marginalización, individualización y funcionalización de las relaciones sociales" (Aguirre s/p), términos que denotan decisiones deliberadas y conscientes por parte de los poderes político-económicos, los cuales llevan al abandono social o a la reconversión, con beneficio ajeno, de extensas áreas de la urbe. Los trabajos críticos sobre la obra de Gladys González se refieren, efectivamente, a aquella "realidad social de carácter urbano en donde el capitalismo, la globalización, el proyecto de modernidad mal acabado, han tejido una configuración tal que han logrado desterritorializar al sujeto de su lugar, romper su conexión directa y natural con su entorno" (Arthur y Gutiérrez s/p). Los escenarios retratados no son, por ende, necesariamente marginales en el sentido convencional, sino que consisten en un entorno "asfaltado, comercial, ruidoso [de una] vía de tránsito. Evidentemente, en tales sectores, las políticas de urbanización rara vez consideran las políticas estéticas, o siquiera las ambientales" (Arthur y Gutiérrez s/p). La marginalidad que el arte, y la crítica a través de ella, registra en la primera década del 2000 coincide, por ende, con un espacio urbano y antropológico en donde la modernidad encuentra su punto de contradicción y el proyecto democrático enseña sus fallas, su crisis profunda, sus exclusiones planificadas, aunque todo ello no siempre es tan evidente.

En nuestra lectura de *Gran Avenida* (2004) y *Aire quemado* (2009), de Gladys González, y *Compro fierro* (2008), de Juan Carreño consideraremos este cambio en la visión crítica de la marginalidad. Nos percataremos de que González y Carreño, con el mismo movimiento con que llevan su mirada escudriñadora y desencantada a un entorno periférico y degradado específico, se aprovechan de las resonancias del significante de la marginalidad para retorcerlo en contra de sí mismo, es decir, para romper la lógica de la representación fundada en la correspondencia de cada sujeto con una determinada verdad. Su apuesta consiste en vaciar desde adentro el concepto de marginalidad, experimentando con las expectativas que el imaginario asociado a lo marginal puede provocar en el lector, o proponiéndole a este último un nuevo modo de escucha respecto a los enunciados pronunciados por los "marginales".

Insertando sapientemente una fisura entre la figura de la artista y la locutora protagonista de los poemas, Gladys González (Santiago, 1981) crea en su obra un personaje rebelde, que escoge deliberadamente los márgenes de la vida social y de la ciudad. Alcohol, drogadicción, amores violentos, nomadismo en los paraderos nocturnos de las avenidas periféricas, pobreza y soledad, son algunos de los rasgos que capturan la mirada voyeurística del

Margen, espejo. Poesía chilena y marginalidad social

lector en busca de una ruptura de la norma tardoburguesa, aunque solo sea en la ficción. Por otra parte, Juan Carreño (Rancagua, 1986) realiza en su libro una desaparición o retracción de la instancia escritural, para que las hablas que su escucha captura en las comunas desposeídas del Gran Santiago puedan darse en el momento puro de su modulación enunciativa, sustrayéndose a los moldes de la atribución de verdad y de valor. Las hablas, de esta forma, pueden arañar el aire con su fonémica de lengua menor –en el sentido deleuziano del término– y con la potencia necesaria como para dialogar a la par con la lengua mayor. Como veremos, aunque por medio de estrategias literarias aparentemente contrarias –en un caso la acentuación de la figura del sujeto poético en que coinciden vida y poesía, en el otro el eclipse o la transparencia de la instancia escritural– las dos propuestas convergen al experimentar con la dudosa atribución de la categoría de "marginales" a los sujetos retratados en sus poemas.

Un margen polimorfo: hacia la des-identificación

La poesía de la década del 2000 que se ha dedicado a mirar la realidad nacional desde la marginalidad se caracteriza, en general, por un sentimiento de fracaso, de derrota, de total desencanto frente a la insidia polimorfa del neoliberalismo imperante. El imaginario y el lenguaje de los jóvenes poetas se pueblan con "la hiperviolencia, [e]l abandono rotundo de la imagen metafórica, [el diálogo] con lo mediático" (Miranda 104); el espacio urbano del cual sus versos se hacen cargo es retratado con referencia "[a]l abandono, [...] el desconcierto. En medio de todo se recuperan pequeños gestos y rastros cotidianos y efímeros, muy insignificantes todavía" (Miranda 106). La escritura de mujeres, en particular, registra "la autoagresión, autodegradación, específicamente del cuerpo; símbolo tal vez del único territorio propio. [...] Ambas, mujer y ciudad, se degradan, se duelen y agreden" (Espinosa s/p). Sin embargo, el arma más poderosa con que cuentan estos poetas, hombres y mujeres,

147

es la mirada: aguda, despiadada, pero ajena al espíritu de una reivindicación banal o panfletaria.[47]

Las teorías biopolíticas elaboradas a partir del auge del pensamiento foucaultiano, evidencian cómo, en las últimas décadas del siglo XX y en medida creciente en el nuevo milenio, el Estado busca economizar el ejercicio del poder retirando su acción de control y fomento socio-económico de aquellas zonas vulnerables de la urbe sobre las que ya no le interesa intervenir. También los controles policiales se hacen allí menos apremiantes, ya que cierto porcentaje de delincuencia e ilegalidad parece adquirir de por sí un carácter regulador. Este panorama se hace más complejo y ambivalente en razón de la emergencia de nuevas y cambiantes modalidades de exclusión social, económica y cultural. En relación a la situación de Chile en la década del 2000, Manuel Antonio Garretón habla de la persistencia de una pobreza sociológica a pesar de la disminución de la pobreza en términos estadísticos, situación provocada por una desigualdad extrema en la distribución de los ingresos. La exclusión queda determinada, según el sociólogo, en términos de "marginación y distanciamiento progresivos" (56) de sectores sociales completos, cuyas demandas ya no se limitan al acceso básico a los servicios y a la ciudadanía, sino también a la exigencia de ciertos estándares de calidad. Es así como "se sube y se baja ya no de una línea de pobreza, sino de las capacidades para realizarse, para actuar, para intervenir en la vida de la sociedad" (207).

Frente a esta situación compleja y heterogénea, los creadores del nuevo milenio valoran una observación del entorno que se basa en

---

[47] Refiriéndose a la poeta coetánea Priscilla Cajales, Gladys González habla, en este sentido, de: "[...] una mirada clara, conocedora y certera que permite la vivencia, la fragilidad de la zona sur, de tantos lugares que podrían ser esas mismas cuadrículas repetidas infinitamente y habitadas hasta el hacinamiento, hasta la desesperación, ese Chile dividido en paraderos y recorridos de micro, en calles que no tienen nombre porque las abreviaturas y sus habitantes ya no resisten tantas horas de viaje, de cansancio, de carencia, de qué servirían los nombres en ese territorio si nadie iría a colocar señaléticas porque es allí donde se acaba la marca de lo conocido por el discurso político, mas no para quienes se enfrentan a su propio anonimato hostil, diario y nacional" ("Presentación" s/p).

Margen, espejo. Poesía chilena y marginalidad social

la experiencia de primera mano. El apego a la realidad parece ser la única opción viable en la "época de pérdida de eficacia de utopías en disenso" debida al "ninguneo de proyectos políticos alternativos (cualquiera que no sea el del neoliberalismo)" (Mansilla 86). De hecho, en las obras que vamos a leer ahora, se hace patente cómo el horizonte utópico hace tiempo asumió su fracaso sin retorno para bien y para mal: la mirada ya no se dispersa en las vastas dimensiones del *ou-tópos*, sino que se autolimita al *tópos*, concreto y circunscrito en donde se encuentra situada.

Ambos autores se preocupan de crear la impresión de que las situaciones presentadas en sus obras han sido efectivamente experimentadas por ellos o se encuentran a ellos cercanas. Esto se nota en el cuidado con el que proyectan visualmente a su respectivo emisor. Gladys González expone en las cubiertas de sus libros fotos de sí misma en entornos periféricos y degradados de la ciudad de Santiago, aludiendo así a una emisora rebelde, que se zambulle con alma y cuerpo en lo marginal. Juan Carreño se presenta en la solapa del poemario con una foto de "niño malo" –capucha, ceño fruncido y cigarro entre los labios–, bajo la cual aparece una breve descripción que no menciona estudios universitarios ni relaciones con círculos de poetas pero sí un listado de pueblos o comunas que certifican su nomadismo y su capacidad de adaptación a entornos difíciles. A través de estos elementos paratextuales, los poetas cuidan de que el habla de sus locutores quede claramente situada, y de que el emisor que proyectan tenga credibilidad con respecto al contenido del poemario aunque, como veremos más adelante, esta insistencia en un posicionamiento casi testimonial esconde su reverso, la tensión hacia la ficcionalización.

Los textos poéticos de González y Carreño tratan la marginalidad del 2000 según un doble registro: como realidad objetiva, palpable, y como representación que puede ser vaciada desde adentro, para ser reapropiada como una máscara o un rasgo identitario sin cuajar. Es decir, los autores consideran irrenunciable una visión corrosiva, desprovista de falsos consuelos, sobre un entorno condicionado por las prácticas biopolíticas; al mismo tiempo, se dan cuenta de cómo la marginalidad, como muchas otras clasificaciones identitarias, es un efecto del discurso, un atributo cultural. Su apuesta, a mi modo de ver, es la de conjugar el anclaje en lo real con el aprovechamiento de una identidad inestable. Los poetas tienen una conciencia cabal de la posibilidad de jugar con el potencial simbólico del término "marginalidad", y no dudan en utilizarlo para darle un giro inesperado y rupturista. Una de las declaraciones de Juan Carreño es reveladora en este sentido:

> La Pintana ha sido un lugar que los medios de comunicación desdeñan y marginan necesariamente, diciendo que ahí hay gente peor que lo que son ellos, pero yo sentía que lo que yo vivía no salía en la tele; había marginalidad, había droga pero no era tan catastrófico ni apocalíptico como lo mostraban. De alguna manera me aproveché de eso porque sabía que había un potencial simbólico en el asunto. (Aguirre s/p)

Así como hay una voluntad de agarrarse de la realidad sin los filtros preconceptuales difundidos en los discursos mediáticos, también hay una voluntad de jugar con el imaginario relacionado con el campo semántico de la marginalidad. La identidad marginal es propuesta ahora como una máscara con la que se entra en escena, tanto para actuar en el sentido de un desnudamiento –la remodulación en el puro nivel enunciativo de las frases de los vecinos de La Pintana, en *Compro fierro*, lanzadas sin pretensión de "representar" al marginal–, como en el sentido de una intensificación de los rasgos que hacen reconocible al sujeto excluido –la construcción de un personaje rebelde, sexuado, que se margina conscientemente, en *Gran Avenida* y *Aire Quemado*–. Es así como la insistencia en el posicionamiento verificable en un determinado contexto, a través de fotos o notas biográficas en el paratexto, enseña aquí, contrariamente a lo postulado en un principio, su calidad potencial de "impostura", de consciente actuación, de construcción ficcional. Al quedar expuesta tal ambivalencia, emerge la posibilidad de que a ambos poetas les interese más lo que un sujeto puede ser, hacer y manifestar de forma transitoria a través de la máscara de

Margen, espejo. Poesía chilena y marginalidad social

la marginalidad, que el papel fijo que ésta le asigna al sujeto según líneas de herencia social y discursiva.

En la década del 2000, de hecho, determinadas tendencias culturales ya presentes en la década anterior se vuelven más nítidas y complejas a la vez. Por una parte, el campo literario, como subraya Sergio Mansilla, se caracteriza por la autorregulación de "la oferta discursiva, haciendo que se produzcan, por ejemplo, nichos de circulación simbólica relativamente restringidos, pequeñas poblaciones de consumidores cautivos de metáforas que reiteran hasta el paroxismo una cierta estructura de sensibilidad particular" (90), como las de mujeres, pueblos originarios, homosexuales, tribus urbanas. Por otra parte, como destaca Magda Sepúlveda, en el grupo de autores que empiezan a escribir en el nuevo milenio

> [...] destaca un interés por hacer coincidir la biografía personal con la memoria de ciertos grupos del Chile posdictadura, es decir, hay una identificación con comunidades que se reconocen fuera de la nación, apostando a un país posChile, conformados por comunidades étnicas, gay, travestis, bisexuales y tribus andróginas. (194)

Por ejemplo, poetas como Diego Ramírez, Pablo Paredes, David Añiñir encuentran en la homosexualidad, la adolescencia barriobajera y la marginalidad urbana mapuche, respectivamente, su identificación particular y la inscriben en su propio cuerpo. Sobre esta base, avanzo la hipótesis de que las propuestas poéticas de Juan Carreño y Gladys González se mueven según una directriz trasversal a las de sus colegas poetas de la década del 2000. Carreño y González explicitan su desconfianza en la plena superposición de identidades, y prefieren jugar con la fisura que se inserta entre la posición enunciativa y la posición locutiva, entre la cara y la máscara. Si seguimos la lectura de estos autores jóvenes desde el prisma de la comunidad propuesto por Sepúlveda, podemos aventurar que, mientras el primer grupo de escritores apuesta por un país conformado por una pluralidad de colores, sensibilidades, adscripciones, los dos poetas aquí analizados insinúan una pertenencia más vasta, más básica, incluso más desamparada. Se acercarían, mediante su toma de distancia de una adscripción identitaria sin residuos y su insistencia en un lugar específico y real, al imposible horizonte de un lugar sin lugar, el de "la comunidad que viene" agambeniana, en donde los seres humanos ya no buscarían una identidad propia, sino que harían "del propio ser-así no una identidad y una propiedad individual, sino una singularidad sin identidad" (Agamben, *Comunidad* 56-57), y de la pertenencia misma su único rasgo distintivo.

2. Gran Avenida y Aire quemado, *de Gladys González: la estilización de una marginalidad rebelde*

Los cinco años que separan la publicación de los primeros poemarios de importancia de Gladys González, *Gran Avenida* (2004) y *Aire quemado* (2009), trazan una trayectoria en que la locutora —un yo lírico fuertemente marcado en el centro del universo poético— pasa de un nomadismo bohemio y rebelde en los bajos fondos de la capital a un asentamiento resignado y desamparado en una comuna periférica. En ambos casos, el rasgo dominante sigue siendo la compenetración entre la intimidad del locutor femenino y la ciudad, vivida tanto en sus espacios externos —los paraderos nocturnos, las avenidas, los baños públicos, los taxis, los hoteles de paso, que componen *Gran Avenida*— como en sus dimensiones más domésticas y recluidas —una habitación acotada a la superficie mínima de una cama o de un armario, un pequeño huerto, el pasaje y los vecinos, en el segundo poemario. Como propone Cristián Gómez, la instancia escritural "centra el foco de sus atenciones en el descalabro del paisaje urbano en tanto analogía del descalabro personal" (s/p), de modo que una lectura de la marginalidad de la urbe pasa necesariamente a través del cuerpo, tatuado por los golpes y el *rimmel*, del personaje poético. La indivisibilidad de los dos aspectos se hace patente desde el paratexto de la cubierta, que en ambos libros propone la foto de

Margen, espejo. Poesía chilena y marginalidad social

la autora, estilizada en una pose sobre un fondo que no solamente sintetiza visualmente el contenido textual, sino que sugiere la coincidencia entre la artista y la locutora. En consecuencia, parece instalarse un pacto de verosimilitud autobiográfica con el lector. Sin embargo, la mismísima insistencia con que éstos y otros detalles son propuestos delata la existencia de una fisura entre los dos planos, entre la figura textual y extra-textual, que la instancia escritural aprovecha cabalmente para generar ciertos efectos de lectura.

Abordaremos entonces el estudio de la obra de Gladys González a partir de los conceptos de pose y de autoficción.[48] El objetivo es ver cómo el desajuste en la proyección de una identidad rebelde –que escoge deliberadamente asumir en su vivencia e incluso en su piel la degeneración asociada, en una perspectiva tardo-burguesa, a la drogadicción, al sexo, al alcoholismo, a la pobreza, a la poesía vivida en su dimensión integral– es retóricamente aprovechado para alterar la categoría de marginalidad y, por ende, la relación del lector con la obra. Más específicamente, los poemarios tematizan y problematizan la opción por la marginalidad en una óptica de estilización estética de la existencia, a partir de cierta tradición de "malditismo" que funde arte y vida, y remonta a los poetas Baudelaire, Rimbaud, Verlaine. De hecho, aun presentando afinidades con la noción sociológica de contracultura de los años 80, que postula la posibilidad de que algunos sujetos se reúnan para romper la norma a través de una conducta desviada o simplemente atípica, el caso de la creación poética de Gladys Gonzáles apuesta por una declinación más bien solitaria, o reducida a pocos íntimos, de este descaminarse. En la dimensión textual, la conjunción arte-vida puede ser observada en el sobreponerse y confundirse de las instancias de la poesía y la ciudad en el cuerpo de la protagonista del enunciado poético. Por otra parte, el texto manipula la mirada del lector hasta que el voyeurismo de éste

---

[48] La autoficción ha sido desarrollada en tanto categoría teórica en la última década principalmente para la prosa, pero es legítimamente aplicable al campo poético también: véase en particular el ensayo de Ana Luengo "El poeta en el espejo: de la creación de un personaje poeta a la posible autoficción en la poesía", en Vera Toro, *La obsesión del yo. La auto(r)ficción en la literatura española y latinoamericana* (2010).

último vuelve sobre él mismo, poniendo al desnudo sus inversiones libidinales. La analogía de esta obra con los proyectos visuales de la artista americana Cindy Sherman[49] nos ayudará a comprender el alcance simbólico tanto de la práctica de la pose fotográfica, como de la exhibición textual de la herida enjoyada para el disfrute del lector.

La (im)postura de la coincidencia arte-vida

La foto de cubierta de *Gran Avenida* es una imagen nocturna que retrata a la artista sentada en el bandejón central de la carretera que lleva el mismo nombre, una arteria que se adentra en la periferia sur de Santiago. La joven es iluminada por la luz amarilla de los faroles y por los focos de los autos, y lleva un vestido corto y negro. Su posición un tanto abandonada sugiere que la noche de fiesta y borrachera está por llegar a su fin. Por el contrario, la foto de cubierta del libro siguiente, *Aire quemado*, ha sido tomada sobre el fondo de un caserío parcialmente derruido, cubierto de grafitis y en medio de cúmulos de escombros y basura. La poeta ahora lleva ropa diurna, y expone la cara al sol, sin mirar directamente hacia el objetivo. La elección de retratarse a sí misma, cuidadosamente estilizada en una pose e insertada en un medio sugerente de su *modus vivendi* del momento, habla de la voluntad de la autora, mediante la figura de la emisora, de "apropiarse" de su misma obra ya desde el paratexto, subrayando la existencia de un lazo entre vida y arte, entre biografía y escritura. Como demuestra el caso de la literatura testimonial (desde la famosísima *Me llamo Rigoberta Menchú y así me nació la conciencia* hasta las primeras obras escritas por inmigrantes llegados de países en vía de desarrollo a países industrializados), la foto del protagonista de la vivencia narrada o poetizada enuncia una voluntad de adherencia a los hechos y de reproducción fiel de la realidad. Naturalmente, en el mismo momento en que queda establecida en un lugar tan

---

[49] Cindy Sherman es una fotógrafa estadounidense, cuya obra conceptual es conformada por auto-retratos en varias poses y vestimentas. Su trabajo más importante es *Untitles Film Stills* (1977-1980), en el que investiga los *clichés* cinematográficos a través de la figura de la mujer deseable.

Margen, espejo. Poesía chilena y marginalidad social

estratégico como la portada, tal equivalencia es denunciada como parte de un juego de ficción, es decir construida y compuesta como en un estudio fotográfico. Silvia Molloy reflexiona sobre el concepto semiótico de la pose en unos términos que resultan de extrema utilidad para comprender el tipo de operación aquí desarrollada:

> La pose remite a lo no mentado, a *algo* cuya inscripción es constituida por la pose misma: la pose por ende *representa*, es una *postura* significante. Pero lo no mentado, una vez inscripto y vuelto visible, se descarta ahora como "pose"; la pose sigue representando (ahora en el sentido teatral del término) pero como *impostura* significante. Dicho más simplemente: la pose dice que es algo; pero decir que se es ese algo es posar, es decir, no serlo. (134)

Más que de una adherencia de la autora con el personaje autoral (la emisora), podríamos hablar, por lo tanto, de un desdoblamiento: una operación de selección y enfatización de unos rasgos pertinentes que construyen una *persona* (en el sentido latino de "máscara"). Según la propuesta de Molloy, de hecho, "[e]xhibir no solo es mostrar, es mostrar de tal manera que aquello que se muestra se vuelva más visible, se reconozca" (130).

El desajuste estructural entre los varios niveles enunciativos, que las fotos intentan hacer colapsar en uno, vuelve a proponerse bajo premisas de un supuesto autobiografismo en uno que otro detalle textual, que examinaré en relación a *Gran Avenida*. En "Swing" el nombre de la autora irrumpe en el horizonte ficcional del poema como garantía de la identidad del actor del enunciado ("Dua, dua, dua / Gladys González / los ojitos de heroína / sacudiéndose / en La Habana club" (12)). La segunda sección del poemario está introducida por una cita de un poema de Julio Cortázar ("Pero yo sé guardar y usar lo triste y lo barato en el mismo bolsillo donde llevo esta vida que ilustrará las biografías") en que se plantea que la vida real puede ponerse a disposición de las biografías literarias, aunque tal subordinación queda establecida en una dimensión totalmente literaria. Finalmente, el poema "Tul" se cierra con una curiosa nota a pie de página, agregada al verso "mi casita de la zona sur": "Los amigos dicen que soy una tonta / Qué quieres experimentar / Yo les digo que soy un tubo de ensayo / Me miran y mueven la cabeza / Saben que voy a sufrir / Yo les creo todo" (38). La adhesión a un proyecto de vida volcado a la marginalidad −como, en los ejemplos anteriores, la mención a la drogadicción y la preferencia por "lo triste y lo barato"− se evidencia aquí como un "experimento" que el sujeto de la enunciación lleva adelante tanto en su vida como en su obra.

Los tres ejemplos aquí revisados, sin embargo, con el mismo movimiento con que pretenden realizar una superposición de los varios niveles, proporcionan las claves para que el juego proyectivo, inherentemente ficcional, pueda trasparentarse: su mero estar allí −posar allí−, apelando a la verosimilitud, los denuncia como las piezas perdidas del puzle, las teclas en que hay que pulsar para que el juguete mecánico empiece a funcionar. Se trata de una operación retórico-enunciativa que, precisamente en este rasgo lúdico que caracteriza su lectura, tiene puntos de contacto con la autoficción, un género basado en la "lectura ambigua de ficción y factualidad ya que se combina con una identidad nominal expresa entre personaje, autor y narrador" (Toro 8) y cuyo mecanismo de base consiste justamente en sembrar subrepticiamente indicios para que el pacto de verosimilitud autobiográfica pueda manifestarse en tanto disfraz, construcción de una ficción autoinducida. La indeterminación, la perplejidad, la incapacidad de desenmarañar ficción de factualidad constituyen el efecto de lectura solicitado por esta forma literaria. Precisamente porque el desfase entre vida y ficción no necesita ser siempre apreciable −las peripecias narradas en los libros de Gladys González de hecho podrían muy bien corresponder en su mayoría a la vivencia de la artista−, el punto focal de la autoficción es su "ambigua transparencia" (Alberca 35), su aplicarse a la dirección que va "de la escritura a la vida, [dirección] en la cual ésta es modificada por aquella, es decir, cuando el escritor contempla y vive *sub specie* literaria" (34). Se trata de un rasgo central en la poética de Gladys González también, quien, en más de una ocasión, defiende una identificación total con la "leyenda" (según el étimo latino, "lo

Margen, espejo. Poesía chilena y marginalidad social

que hay que leer", esto es, decodificar según una cierta clave, pero también entender como la única dimensión de la vida de la artista que le importa realmente, que siente como "real"). La artista ha ido tejiendo esta leyenda como un vestido sobre su mismo cuerpo: "me señalo como mi propio poema por lo que hago de mi vida un gran poema y después pierdo la noción de eso. Como consecuencia, a veces mi vida se vuelve un poco turbulenta. La consigna arte y vida o, en este caso, arte y poema, es indeclinable" (González Barnet s/p).

La conjunción entre las dos esferas es apreciable, en el primer poemario, en la transcripción, en fragmentos explícitos, del inconformismo y la rebeldía de la protagonista. Véase, por ejemplo, el poema "Doméstica" de *Gran Avenida*, en el que la tendencia casi compulsiva a la infracción de la norma queda señalada, por contraste, en la búsqueda de una regularidad y un orden en los ritmos vitales, desde el hacer la cama en la mañana hasta el arreglo del cabello. El intento de auto-domesticación, sin embargo, se revela totalmente superficial. El poema termina enunciando la imborrable impronta que ha comportado la poesía en la vida, en una asunción extrema de los rasgos de aquella sobre ésta:

> para verte desde lejos
> y engañarme
> con que mi vida
> ya no se escribe
> hacia abajo
> que ya no es
> un verso largo
> y menos un poema (27)

Para la locutora, la vida *es* la poesía; con esta aserción tan rotunda el sujeto parece estar contestando positivamente a la provocación foucaultiana de que la vida de cada uno podría volverse una obra de arte. Según la lectura de la estudiosa Laura Quintana, Foucault está sugiriendo que una posible estrategia de resistencia a la administración biopolítica de las sociedades modernas (la cual pasa desde luego a través de la homogeneización de las prácticas de cuidado de sí que domestican al sujeto) puede encontrarse en la provocadora diferencia de quienes buscan en sí mismos la fuente de la regulación de la conducta, formulándola en términos estéticos. Como precisa Quintana, se trata de

> [...] una forma de cuidado que implica un trabajo de elaboración del individuo sobre sí mismo, a través de ejercicios, regularidades y prácticas; toda una *techné* sobre el cuerpo, los placeres, los afectos, los pensamientos, la conducta, con el propósito de estilizar, de darle cierta forma a la propia vida, desde la modulación de los afectos y sus tonalidades. (53)

En consecuencia, la verdad del individuo consigo mismo tiene que ser buscada en la "modulación" de sus actitudes, comportamientos, elecciones prácticas. El potencial ético de esta opción vital se revela en el momento en que la conducta atípica, en razón de su constitutivo individualismo, contribuye a fluidificar "las relaciones de poder que atraviesan el tejido social, dejándoles así a los otros, que hacen parte de este tejido, un mayor espacio de movilidad" (54). En el caso de Gladys González, la crítica tiende a leer tal operación como un ataque a "los artificios de la burguesía, la ornamentación y decorado de su osario en aras [...] de extender su poder y su instalación como cuerpo maquillado de moderno en las culturas metropolitanas" (Brito, "Vidrio molido ..." s/p). Al prototipo femenino caucásico, rubio y retocado por las cirugías estéticas, Gladys González opone su estilo postpunk, pero sobre todo su poesía —su vida— erizada de astillas de vidrio, de noches en motel, de borracheras, de abandonos en avenidas periféricas, de golpes recibidos en un dudoso amor.

Poética, cuerpo, ciudad

La coincidencia entre arte y vida, modulada por la ambigüedad del pacto autoficcional y puesta en tensión por las implicaciones éticas de la estilización estética, determina la percepción de la marginalidad que se asoma en los versos. Podemos vislumbrar un primer aspecto en la propuesta de una poética. El poema de apertura de *Gran Avenida* es decisivo en este sentido:

Margen, espejo. Poesía chilena y marginalidad social

"Paraíso"

Aquí no hay glamour
ni bares franceses para
escritores

solo rotiserías con cabezas
de cerdo
zapatos de segunda
cajas de clavos, martillos,
alambres y sierras
guerras entre carnicerías
vecinas y asados pobres

este no es el paraíso ni el
anteparaíso (5)

El poema, a la vez que juega con el hipotexto de una de las obras centrales del canon poético chileno, *Anteparaíso* de Raúl Zurita, fija un posicionamiento en un lugar y perspectiva específicos. El paisaje que se puede apreciar desde Gran Avenida no prevé espacio para que quepa la elegancia de la kermesse intelectual, definida como insustancial, sino que se construye a partir de bienes de primera necesidad y de construcción carpintera. De esta manera, la instancia escritural logra transportar el capital simbólico de la poesía de mayor "peso cultural" (representada por la obra de Zurita) hacia los bordes de la capital, en donde se le devuelve el "peso real" de una experiencia en que la vida tiene que enfrentarse a menudo con problemas básicos. Tampoco es casual la elección de Zurita como referente poético, quien más que otros trazó sobre su cuerpo las llagas de un *vía crucis* nacional, en una fusión de vida y arte al borde de la locura. La apuesta poética de este texto coincide, por lo tanto, con una lúcida opción por lo escencial, con un experimentar el lenguaje como medio de supervivencia y modo de vida. Es así como la escritura de poemas se realiza sobre soportes precarios –"en boletas / y papelitos de cigarros" (*Gran Avenida* 16), "un librito / en la gabardina" (10-11)–, en situaciones límites –"he escrito cosas que mientras / estaba borracha / que me parecen bien" (17)–, o se puede descifrar como *objet trouvé* en las "marcas de lápiz labial / en viejas cortinas de residencial / iniciales de nombres / y corazones trazados / en paredes enmohecidas / de baños de hotel" (*Aire quemado* 20).

Pero, sobre todo, es una escritura que se incide en el cuerpo, tatuándolo, rasgándolo. La protagonista del primer poemario se retoca el corazón con el *rouge*, borda el nombre del amado con hilo rojo en su ropa interior, se tatúa las costillas; su cuerpo resulta así "estampad[o] / como un pedazo de género barato" (*Gran Avenida* 35) con el historial de sus orfandades y de sus deseos excesivos. El cuerpo se vuelve la explanada de la herida, el borrador de una escritura radical, sufrida en primera persona. En su propio cuerpo escrito por la poesía, transformado en letra, la joven mujer contempla la consumación mística —una mística apócrifa, a base de morfina, hambre y soledad— a través de la cual su vida se transforma en una obra de arte. Sin embargo, si en *Gran Avenida* la entrega al advenimiento de la escritura en el cuerpo es dinámica y confiada, en *Aire quemado* la locutora es una sobreviviente del pasado, que habla ya no desde las experiencias de una efímera felicidad, sino desde las de la locura y el miedo. El cuerpo se descubre como sobra, como desecho de una existencia que perteneció a otra persona: ahora en el borde de la carretera nocturna camina un sujeto con "el rostro blanco / resplandeciente" (14), una *ecce foemina*[50] posmoderna en que la compenetración entre vida y poesía se ha por fin producido, pero con efectos devastadores.

Huellas de un asesinato

Las marcas de la escritura no se quedan en el perímetro del cuerpo de la protagonista y traspasan, en ambos poemarios, al soporte más vasto de la ciudad, esto es, a ese cuerpo más extenso que es el urbano. Se trata, en la mayoría de los casos, de grafías que transcriben una violencia externa sobre la mujer. En *Gran Avenida*

---

[50] La referencia es al modelo iconográfico del *Ecce homo*, el Cristo vejado que Poncio Pilato presenta a los judíos el día de su Pasión.

Margen, espejo. Poesía chilena y marginalidad social

mantienen todavía un potencial de denuncia como, por ejemplo, en "La chica más linda":

> La chica más linda de la
> fiesta
> tiene una bolsa plástica en
> la cabeza
> marcas de tinta en los dedos
> sus huellas digitales
> en toda la ciudad (18)

Parece que el cadáver destrozado de la chica tiene el poder de denunciar, con sus huellas digitales esparcidas por la ciudad, el suceso brutal. Su única culpa es su belleza, lo que sugiere un crimen de trasfondo sexual. En *Aire quemado* la violencia es incluso más cruda, ya que eclipsa toda solidaridad de los vecinos con la víctima. Un poema, en particular, propone una serie de aterradoras hipótesis sobre las formas en que una chica (proyección de la misma locutora) podría aparecer asesinada en las zonas marginales. Entre ellas, "tirada en la calle / con la ropa interior / en las rodillas / las medias rotas / alrededor de tu cuello / amarradas / a un alumbrado público", o bien "con la boca llena de agua / los perros / rasgándote los ojos / en un canal / hasta que tu cuerpo desaparezca / por tiras / entre los bares / de esta ciudad" (22). Los detalles del cuerpo ahorcado o desgarrado por los perros subrayan la total indiferencia de la comunidad para con el destino de la mujer quien, en el medio degradado de los barrios marginales, es víctima de la violencia de género. Así, la elección de una perspectiva reconociblemente femenina sirve para realzar cómo la marginalidad no define una problemática homogénea, sino una que se estructura en eslabones de ulterior marginalidad y desamparo; la mujer se vuelve a menudo objeto del desahogo de la frustración y de la prepotencia del varón.

(Des)identificación con el barrio

La inserción de la protagonista en la comunidad sufre variaciones de un poemario a otro; pasa de una situación en que deja el rastro de su herida en la ciudad, a una en que es borrada y consignada a un desamparo total. En *Gran Avenida* hay una identificación orgullosa con el barrio periférico –"Veo la pobreza de mi barrio / las calles inundadas" (13)– y con la colectividad de un "nosotros" –la célula mínima de una sociedad a contracorriente– con que ha compartido las noches locas y una felicidad breve pero intensa. Se trata de una actitud sustancialmente positiva que en *Aire quemado* desaparece por completo. El personaje arriba a una ciudad sellada y se encierra en una habitación vacía en donde deja que su cuerpo se debilite en ayunos prolongados en la oscuridad y las marcas de los golpes afloren lentamente a la superficie de la piel. Predomina una sensación de renuncia, de inercia. Los lazos comunitarios están rotos: el tiempo ha pasado, las prioridades de los amigos han cambiado, algunos de ellos han muerto, y la locutora expresa así su toma de conciencia: "escucho música / y me pongo rebelde / pero ya no tengo edad / para ser rebelde / ninguno / de lo que está acá / tiene edad para serlo" (12). La protagonista cierra las puertas que dan al pasado, tanto las de la energía alocada como las de los traumas, y se autoimpone una especie de disciplina ataráxica, de negación e inmovilidad: "teniendo la confianza / de que nadie llamará", "ya no importa", "no existe ese dolor", "dejaron de importar muchas cosas" (26). Si el paisaje que ella miraba en el poemario anterior presentaba una pobreza decorosa y vital, ahora su vista se abre sobre un desierto. La locutora declara: "puedo ver la destrucción / con la ternura / de los ojos de un novillo / en el minuto / en que es degollado en un matadero" (27). En este poema de cierre, se puede encontrar la imagen que mejor que otra capta el espíritu del poemario: un microscópico huerto hecho sobre tubos de plástico, en donde la locutora planta semillas de albahaca. Por una parte, la instancia escritural no pierde la ocasión para apuntar, como en los demás textos, a los aspectos más crudos en que se manifiesta la condena de sectores completos de la capital a la marginalidad: los tubos de plástico hablan de un servicio de alcantarillado postizo e instalado por los mismos pobladores, debido al desinterés por parte del Estado. Las hojas de albahaca que aparecerán en la comida de las familias

Margen, espejo. Poesía chilena y marginalidad social

serán, por lo tanto, contaminadas por las aguas servidas. La fase del asentamiento ha tomado el lugar de la fase del nomadismo, pero la intención de plantar una nueva vida no es concebida como crecimiento, evolución, sino como una resignación a la evidencia de que el único tiempo es el cíclico. Por otra parte, la locutora se predispone a organizar el huerto siguiendo las instrucciones de un libro de botánica, lo que delata su pertenencia a otro ambiente, el letrado, en que la aproximación al saber agrícola es mediado por los libros y no por la transmisión práctica y oral. En otras palabras, la vida en la marginalidad de las poblaciones, ahora experimentada en una madurez instantánea y paradójica –"mi corazón / tiene setenta años / y ya no puede ser / una niña suicida" (18)– es en el fondo libremente elegida.

Jugar con el voyeurismo del lector

Como vimos, la marginalidad se vuelve material significante con el cual la instancia escritural configura la leyenda personal de la emisora en la cual coinciden locutora y artista. Esta misma leyenda es expuesta a los ojos del lector para jugar con su voyeurismo y su proyección de deseos indisciplinados. En la sección central del poema "Manual de instrucciones" (12), la locutora expone una serie de condiciones con las que hay que cumplir (de allí el título) para llegar a ser "el poema más cruel de la habitación":

>he vivido en casas vacías
>con el techo partido por la mitad
>sin dinero
>para comer
>para lavar la ropa
>y conseguir un trabajo
>de medio tiempo
>en un centro comercial
>o en un supermercado
>sin amigos
>a los que llamar por teléfono
>y decir:
>"estoy destrozada"

Una escena análoga se repite en los poemas "Hábito" y "Adiestramiento". Allí el modo verbal elegido es el infinitivo, que contiene en sí un matiz prescriptivo. Ya a partir de los títulos de estos tres poemas, percibimos cómo la instancia escritural está buscando una cercanía al lector. Sitúa a su locutora en una posición enunciativa de autoridad, la de quien, por medio de un duro entrenamiento, ha adquirido la destreza para caminar en el borde del abismo sin perder el equilibrio, como recita la cita de apertura de Henry Miller, y puede enseñársela a los demás. De esta forma induce el lector a proyectarse en una vivencia desobediente, anárquica, aunque solo sea a través del desahogo de la lectura. Por otro lado, el voyeurismo del lector es solicitado hasta extremos sádicos. En el poema "Pavimento", la instancia escritural expone a un sujeto sacrificial, que fantasea una tortura autoinducida, como relata el siguiente fragmento: "Toda yo alambrada / recogida por los muslos / la carne floreciendo por las / púas" (*Gran Avenida* 33). El hecho de subrayar, en el primer verso, la instancia subjetiva del yo, reclama una mirada desde el exterior que posicione a este yo desde un tú (el tú del locutario y del lector), a quien le correspondería gozar de la espectacularización de su sufrimiento. La escena adquiere así el carácter de una *performance*. La manipulación con fines estéticos de la práctica del tormento de la locutora se encuentra tematizada aún más explícitamente en "Colirio":

> voy trazando
> la línea blanca
> que deja el colirio
> con la negrura del delineador
> decoro
> lo que pueda verse herido
> bajo las luces
>
> como una perfecta
> y experimentada
> zurcidora (*Aire quemado* 16)

La víctima real, en este poema, no es tanto el personaje (que se autodefine como "perfecta y experimentada", es decir, situada en una

Margen, espejo. Poesía chilena y marginalidad social

posición fuerte), sino el lector, atrapado en la trampa que la instancia escritural le tiende anticipándose a su voyeurismo, a su avidez de historias e imágenes "reales" propias de los márgenes. El sujeto del nuevo siglo, siendo sus gustos plasmados por la industria televisiva del *reality show*, es fatalmente atraído por el efecto de realidad que le depara la posibilidad de fisgonear en las vivencias de los demás, aunque inconscientemente sabe que se trata, en la mayoría de los casos, de guiones establecidos con anterioridad. De forma análoga, los textos de Gladys González se insertan sin complejos entre las prácticas hipermodernas de la mediatización de la intimidad, y excitan la curiosidad del lector al poner una cámara escondida en las habitaciones de hoteles de paso o de una casa de periferia. Ofrecen, así, el espectáculo de una herida resplandeciente y erotizada bajo los reflectores.

Esta operación retórica, que se apoya en la técnica, ya revisada, de la autoficción, no se reduce, sin embargo, al juego algo perverso de la mirada voyeurística. Su objetivo es mover el foco de atención desde el objeto marginal de vuelta hacia al sujeto observador, interpelando sus deseos y sus fantasmas. Es una dinámica que encuentra más de un punto de contacto con la obra de la artista americana Cindy Sherman. Como explica la crítica Amelia Jones, el trabajo de Sherman se caracteriza por plantear a un sujeto actuando a través de la representación. La relación entre artista y espectador es interpretable, según Jones, bajo la cifra del quiasmo. Este régimen de visibilidad hace que el sujeto, mientras observa a otro, sea también visto y por ende perciba su propia corporeidad. El observador pasa al otro lado del quiasmo de la visión, experimentando sus inversiones y deseos hacia las figuras interpretadas por Sherman (33). De manera análoga, el lector de los poemas de Gladys González no solamente proyecta sus fantasías relacionadas con el margen en el recipiente que la autora construye en su (fingida) *persona* marginal, o sea en la emisora, gozando de ellas a través del voyeurismo así provocado, sino que accede a esta dinámica como un actor más: se mira actuar en ella. El sujeto de la visión se vuelve objeto de la misma;

la mirada retorna sobre sí. La marginalidad se revela una cámara oscura para la proyección de energías libidinales del lector, pero es, al mismo tiempo, una piel en que él mismo se palpa, despertando a la conciencia del juego ambiguo de la mirada.

3. Compro fierro, *de Juan Carreño: transpirar lo que se ve*

Compro fierro, de Juan Carreño, cuya foto de cubierta reproduce un pedazo de hierro carcomido por el óxido, se basa en la realidad de las comunas marginales del Gran Santiago. En él desfilan pastabaseros, alcohólicos, evangélicos, matrimonios fracasados y familias disfuncionales, comuneros que sobreviven con trabajos ocasionales o al límite de la legalidad. Un panorama, desde luego, nada consolador, que el tratamiento lingüístico mimético de la jerga de la calle reproduce en toda su crudeza.

La invención artística de Juan Carreño, sin embargo, al arrojar luz sobre "los confines de la sociedad donde vive la mayoría del país [...] que no tiene el poder, los así llamados proletarios, plebeyos, explotados, pobres, pobretones, pobletes, rotos, huachacas, cumas, flaites, [...] puestos al margen por el poder" (Redolés s/p), no se agota en una mera denuncia de la topografía de visibilidad/invisibilidad y oportunidades/abandono en que ha sido distribuida la población de Santiago. Por el contrario, en *Compro fierro* es posible vislumbrar una operación literaria que llega a trastocar el sistema de reproducción de una verdad determinada sobre el sujeto usualmente definido como "marginal", a partir de la materialidad de su voz y del acontecer enunciativo de su discurso. En la base de la escritura está lo que podríamos llamar una "escucha feroz": una escucha sistemática y nunca complaciente –por lo tanto demandante y ardua en primera instancia para el mismo sujeto que la practica– de las voces, los discursos, los ruidos, los rezos, los gritos, la música, los murmullos, que conforman el paisaje sonoro de la comuna de La Pintana, donde

Margen, espejo. Poesía chilena y marginalidad social

el poeta reside en los años de composición del poemario. Se trata de una escucha que, como en un oxímoron, se vuelve hacia lo visible también: se apega a las casas construidas con material precario, a los frigoríficos destripados en las veredas por la furia alegre de los adolescentes que así ayudan a sus padres, a la plaza de donde se robaron los columpios. En una reflexión metapoética por parte del locutor en que se identifica el sujeto de la enunciación, la esencia del oficio es así condensada: "transpirando lo que veo" (67). Es decir, la instancia escritural se propone como *medium* que absorbe tanto lo audible como lo visible, y de su centro vuelve a lanzar –o, en una declinación más orgánica, a "transpirar"– la materia que la ha atravesado, pero siempre imprimiéndole una inclinación, una curvatura propia. Esta última puede ser mínimamente perceptible –tan parca como la sola inserción del título para abrir el discurso, aparentemente en toma directa, de un locutor de la población– o bien expandirse hacia los extremos de la videncia y del delirio.

En ambos casos, la instancia escritural juega en el filo de su propia desaparición o desindividualización: no en un sentido estructural –eso sería imposible y daría lugar a una visión falaz del proceso creativo–, sino más bien en la dimensión de la inspiración teórico-ideológica que guía la obra. Ésta se puede interpretar a la luz, por una parte, de los planteamientos deleuzianos acerca de la literatura menor, como el concepto de "dispositivo colectivo de enunciación", y, por la otra, de las indicaciones que el estudioso colombiano Carlos Manrique deduce, en una óptica biopolítica, de unos textos de Foucault acerca del lenguaje literario y de la locura. Los poemas apuntan a vaciar el contenido de los discursos de la pretensión de representación, especialmente aquella basada en parámetros de veracidad impuestos por una óptica enjuiciadora y prejuiciosa: se limitan a disparar esos mismos discursos –a exponerlos– en la superficie de su momento enunciativo, donde se reconduce y recobra poder el efecto de verdad.

El desvanecimiento de la instancia escritural en un entorno de sinsentido

El poema "Atolón treinta y medio de Santa Rosa", al exponer el sentimiento de rendición fatalista frente a un poder que dispone a su antojo de sectores completos de la población, condensa en su seca esencialidad el tono que domina el poemario:

> Podrían ocupar la comuna
> como terreno de ensayos nucleares
> yo cacho que si le dan plata
> la gente se quea pa morirse. (46)

En varias entrevistas, Carreño subraya el hecho de que en La Pintana, como en otras comunas desaventajadas del Gran Santiago, domina una sensación de sinsentido, de frustración, de aburrimiento. La gente está acostumbrada a adoptar una actitud pasiva a causa del paternalismo de la municipalidad y del escapismo promovido por la iglesia evangélica. Los lazos comunitarios son casi inexistentes, la convivencia un fenómeno vivido más como una constricción que como una libre elección, lo que tiene por contraparte la proliferación de la violencia, el consumo y tráfico de drogas, el alcoholismo. La gente reniega de su proveniencia, soñando con irse a la vecina comuna de La Florida, donde viven familias de clase media. El individualismo se ha asentado: "todo el mundo quiere tener su plasma, su auto bacán aunque la casa se le esté cayendo a pedazos. Es como el capital simbólico que quieren impostar frente a sus vecinos para confirmar que vienen de otro lugar, que están allí de paso" (Carreño en Aguirre s/p). En el poemario, la instancia escritural se propone justamente reflejar la situación de desarraigo, abandono y precariedad que se vive en la periferia. Las personas se auto-perciben como ignorantes –"[...] los que no sabemos hacer nada" (70), "nos enseñaron a escribir / fue lo único que haprendimos" (74)– y mantenidas en la ignorancia por un sistema que las explota como mano de obra barata: "llegó el Timón / que renunció a la pega / cuatro lucas por nueve horas / y un gorro que daba vergüenza / dijo que la torta estaba mal repartía" (24-25). Buscan así un desahogo de la frustración en las borracheras

Margen, espejo. Poesía chilena y marginalidad social

—"yo quiero puro curarme gratih" (51)–, en las drogas –"después de aspirar bencina / en botellas de Cachantún" (69)–, en las falsas esperanzas de la religión –"[l]os evangélicos / están frente a mi casa / cantando con su megáfono / ofreciendo la vida eterna" (47). El suicidio o la criminalidad parecen, a menudo, las únicas opciones para salir de esta completa falta de perspectivas, o para reivindicar el resto de dignidad que aún queda: "[l]legue a haber una bolsa / que nos pertenezca a todos" (38).

Hormigas masticando una jaiva

El tema de la comida es particularmente revelador, ya que condensa en sí varios aspectos mencionados en los fragmentos. La comida se dispone entre los polos de su presencia y de su ausencia, en un horizonte gastronómico que es el de la cocina popular, al alcance del poder de adquisición de las clases menos pudientes: se asoman, así, pichangas,[51] porotos, cebollas fritas, machas, nescafé y jote,[52] entre otros. Por una parte, en cuanto al polo de la presencia, la comida se da en su versión cruda, o escuálida. En el poema "El brillo del ácido muriático" (24), el locutor observa a una vieja y dos perros que hurgan entre los restos de frutas que quedan de la feria, buscando algo que se pueda comer, mientras su tío, un guardia del supermercado de enfrente, está parado en la entrada del mismo con las manos en los bolsillos, ensimismado. El vagabundeo del locutor por los parajes se inicia con la preparación del almuerzo para la familia –arroz y bistec– y termina con la "once"[53] –lo que queda de un dulce de membrillo y un té sin sabor– mientras la loza permanece sin lavar desde el mediodía y el televisor transmite un documental en el que unas hormigas mastican una jaiva. La comida se convierte, aquí, en el contrapunto rítmico que estructura

---

[51] Mixtura de varios ingredientes picados, como queso, aceitunas, jamón, salami, aliñados con aceite, vinagre y especias.
[52] Bebida a base de vino y gaseosa para salir de fiesta en la calle.
[53] Comida liviana con que muchas familias chilenas suelen terminar el día, entre las 18 y las 21 horas.

el poema: la insistencia en el tema revela el hecho de que ocupa el centro de atención del locutor. Como en una pirámide alimenticia, se pueden distinguir varios niveles de acceso a la comida. En la base está la anciana, que se nutre de las sobras de una feria popular; en el segundo eslabón la comida simple preparada en la casa; en el tercero, la abundancia de productos encerrada en el supermercado que es defendido por un empleado de las incursiones de los ladrones; finalmente, en el ápice de la pirámide, la proyección pantagruélica de la comida gigante, que abastece a un ejército de fauces: la jaiva devorada por las hormigas.

La comida sabrosa, en cantidades sobrehumanas, retorna en otras circunstancias, precisamente cuando brilla por su ausencia. En el delirio que acompaña las fiebres del locutor de otro poema (41) y su forzado ayuno debido a los vómitos ininterrumpidos, se prospecta una fuga de amor al estilo vaquero, coronada por la aparición triunfal del verdadero objeto del deseo: "pan con queso cabeza", un típico plato campesino a base de las partes que quedan sin usar del cerdo, como la piel, las orejas, el hocico, la lengua. Otros poemas son visitados, sin más, por el espectro del hambre. Uno, que se relaciona con la leche, se titula directamente "La desnutrición" (44); otro propone el extremo trueque de una cultura sufrida pasivamente en la infancia y ahora totalmente fuera de lugar –un diccionario– con algo de carne molida, notoriamente más barata que los demás cortes: "pero incluso faltó / pa la carne molía / cacho que no me an a fiarme / por lo que deo / lo único que tengo pa vender / e un diccionario que tengo e chico / pero quién me a comprarme esa güeá?" (43).

Una boca vaciada para hablar

La obsesión por los alimentos, organiza una disposición al ayuno de tipo kafkiano, un vaciamiento del órgano que es sede de la masticación y del habla, del sentido y del Sentido: la boca. En su ensayo *Kafka. Para una literatura menor*, Deleuze y Guattari plantean la

Margen, espejo. Poesía chilena y marginalidad social

existencia de una disyunción entre el acto de comer y el de hablar, o escribir:

> [...] cualquier lenguaje implica siempre una desterritorialización de la boca, de la lengua y de los dientes. La boca, la lengua y los dientes encuentran su territorialidad primitiva en los alimentos. Al consagrarse a la articulación de los sonidos, la boca, la lengua y los dientes se desterritorializan. Hay pues una especie de disyunción entre comer y hablar; y aún más, a pesar de las apariencias, entre comer y escribir [...] Hablar, y sobre todo escribir, es ayunar. (33)

En la obra de Carreño, desterritorializar la boca implica que la instancia escritural se aventure en lo abierto, en el descampado dejado por su mismo retraerse; significa que camina en la cuerda floja de su propio adelgazamiento y desvanecimiento por un ayuno feroz, tan feroz como la escucha que le ha incrustado la voz del *otro*, su vecino, en su oído.

Tal ejercicio se concreta en la superficie visible de los poemas. En ellos, a pesar de las variaciones internas (poemas en que el sujeto de la enunciación se vuelve actor-locutor, poemas en que describe a otros personajes, poemas en que dialoga con otros locutores, poemas enteramente entregados a la emisión de otros locutores, poemas que presentan una cita textual), es posible observar la proposición de una misma estructura, el deleuziano "dispositivo colectivo de enunciación" (Deleuze 31), en que el enunciado poético remite a una colectividad que enuncia. Esto es cierto en la medida en que se mantenga el tamiz de la instancia escritural, que sin embargo se retrotrae hasta volverse casi impalpable.[54] El crítico Carlos Manrique, en un texto que toma como punto de partida para la reflexión los

---

[54] La elección de este marco enunciativo es, a su vez, fruto de una indirecta interrogación de las preferencias de la colectividad. En sus inicios, el poeta pegó fotocopias de sus creaciones poéticas en los postes y los paraderos de su comuna: las hojas que llevaban experimentos surrealistas o metaliterarios fueron arrancadas, mientras sobrevivieron semanas y semanas las que retrataban situaciones reales en el habla de la zona. En estas últimas, incluso, la gente, dejaba comentarios, sugerencias, pedía el contacto del autor. Tras esto, el poeta decidió recorrer el camino retórico y afinar el oído en la dirección elegida por la comunidad invisible (Álamo s/p).

escritos de Foucault sobre la locura, sobre Bataille y sobre Blanchot, teoriza esta condición de desaparición en los siguientes términos:

> el sujeto hablante no se hace presente, ni se manifiesta, en la instancia del habla, sino que se borra a sí mismo y desaparece; y [en ella] irrumpe, acontece, la apertura a una cierta alteridad (apertura efectuada en esa inconsciencia, y en esa borradura). ¿Hacia qué "otro" se abre esta palabra? (26)

La pregunta, transpuesta al caso de la obra de Carreño, parece contestarse por sí sola: sería el habla de su *otro* en carne y hueso, el vecino de la comuna, esta alteridad a la cual se abre la escritura. Sin embargo, como subraya Manrique, la meditación foucaultiana se dirige a una dimensión anterior, la del momento mismo de la enunciación. En palabras de Michel Foucault, "[e]l 'sujeto' [*sujet*], el 'tema' [*sujet*] de la literatura (lo que habla en ella y aquello de lo que habla) no es tanto el lenguaje en su positividad cuanto el vacío en el que encuentra su espacio en la desnudez del 'hablo'" (Manrique 26). Esta observación es crucial para entender la operación retórica propuesta en *Compro fierro*. La borradura de la instancia escritural (que en el caso de Carreño nunca es completa, y sobre todo sí es consciente, a diferencia de lo que postula Foucault en relación, por ejemplo, con la locura) tiene como objetivo modular el momento enunciativo en sí, el *locus* del acontecer del lenguaje. La otredad a la cual se abre la instancia escritural es el fenómeno del habla en sí, desnudado de determinaciones representativas y de pretensiones de verdad. El darse del lenguaje, de esta forma, es desligado de las atribuciones de contenido, de las caracterizaciones de valor. De allí que la desaparición de la instancia enunciativa corresponda menos a un pasivo autodesvanecimiento que a un activo "resetear" las huellas de la representación, los "programas" de veridicción – fuente de prejuicios en el horizonte de la *doxa*[55]– que estructuran el cuerpo mismo del lenguaje. Sería justamente en la autorreferencia vacía de una palabra que se mira al ser dicha donde se produce el

---

[55] Concepto de la filosofía y retórica de la Grecia antigua que significa "opinión común", "creencia".

Margen, espejo. Poesía chilena y marginalidad social

quiebre, según Foucault, de la relación del sujeto con la verdad que lo describiría: el fenómeno de la veridicción se produce, así, en el momento y en el *modus* mismos de la modulación del lenguaje, y no a nivel de contenido, de representación. Como resume Manrique:

> Esta modificación de los valores y las significaciones del orden del discurso en el que esta palabra transgresiva se inscribe no puede pensarse entonces como un decir otra verdad sobre el mismo "hombre", o un ofrecer otra interpretación, desde otra perspectiva, de una misma experiencia; sino, justamente, la ruptura del vínculo entre el sujeto y su "verdad", en otra modulación de la voluntad de verdad, en un "querer decir la verdad" de otro modo, en otra forma de *veracidad*. (31)

En lo concreto, esto no implica que los locutores de *Compro fierro* pronuncien discursos sin contenido representacional o sin una verdad en la que ellos creen, sino que la instancia escritural está interesada en hacer emerger a la superficie –y allí mantenerla, con un trabajo que implica una lucha y una tensión continuas– aquella dimensión de sus locuciones que se desentiende de la relación con representación y verdad, para concentrarse en la mera potencia del decir. La instancia escritural simplemente lanza los discursos por los aires, limitándose quizás a imprimir un ángulo de trayectoria: es así como el lector tiene la impresión de enfrentarse sin mediaciones –ni siquiera las que traía enraizadas en sí mismo en la forma de precomprensiones y prejuicios– con la desnuda energía de tales discursos.

Intensidad, interrupción, discursos lanzados

En cada sociedad, la producción del discurso, según observa Foucault, estaría "controlada, seleccionada y redistribuida de acuerdo a un cierto número de procedimientos que tienen por función conjurar sus poderes y sus peligros, dominar el acontecimiento aleatorio, y esquivar su pesada y temible materialidad" (Manrique 27). La voluntad de verdad, con su división tajante entre verdadero y falso, sería uno de los principales mecanismos concebidos para mantener bajo control el poder salvaje e imprevisible de la materialidad del discurso, un potencial subversivo que está latente, incrustado en la intimidad de la palabra. En *Compro fierro*, un primer paso hacia la desvinculación de un proceso que impone identidades y verdades es, justamente, un ahondamiento en la dimensión material del habla, y particularmente en su vertiente oral. Se jugaría en este sentido la fidelidad de la obra al lenguaje en su estatuto de palabra enunciada, pronunciada. De central importancia se vuelve, en consecuencia, el componente de la transcripción fonemática: lo que la instancia escritural busca en tal operación es la posibilidad de que el momento de verdad se instale en la modulación enunciativa del discurso, y no en su correspondencia etnográfica con tal o cual sociolecto de la capital. Es decir, el trabajo con la materialidad del habla no apunta a independizar la esfera del significante destinándola a un puro goce sonoro, sino que escarba en su pobreza, en su sobriedad de palabra pronunciada y destinada a desaparecer inmediatamente, sin dejar rastro. La apuesta, como se puede ver en el ejemplo siguiente, es conducir el lenguaje a una deleuziana intensidad asignificantes, esto es, una intensidad que deje atrás tanto el significado como el significante, y se diseque hasta dejar al desnudo su esqueleto fonemático:

> "Instantánea de domingo azul, Pasaje El Carmen"
> Ya
> entrega la casaca
> ya
> ehtai vio
> ni ahí que sea naic
> la ehtai viendo, Pato
> lo vihte cómo ehtá?
> Pato, ehtai pálido
> ehtai pálido
> yo tengo como cinco casaca
> ehtai vio
> no dí jugo
> Pato
> oye oye
> yo te conohco
> me acmira
> si pa qué

Margen, espejo. Poesía chilena y marginalidad social

> pa qué
> te regalo una chaqueta si querí
> mira que soy bacán
> se ehtán cagando e la risa e vo Pato
> compremo una cerveza mejor
> mañana voy a ir a tu casa
> cuando ehtí má lúcido
> oh, Pato
> que vendihte la pehcá
> quién tiene encendeor? (31)

El momento de la "escucha feroz" de los discursos que aparecen en el aire azulado de un determinado domingo en el pasaje El Carmen se complementa con la igualmente feroz selección de fonemas pertinentes ("vendihte" por "vendiste"), la feroz tachadura de los fonos que no han sido pronunciados ("e la risa e vo" por "de la risa de vos"), para llegar a una estructura fonémica esencial. Es decir, no se trata aquí de encontrar una correspondencia fonética lo más cercana posible a un original singular e irrepetible, sino de crear un dialecto propio, con su gramática fonémica:[56] una lengua menor que escarba su hoyo en una lengua mayor, como dirían Deleuze y Guattari. Observa Manrique:

> Lo que hace esta palabra no es ni contravenir una prohibición impuesta por un código lingüístico (incurriendo en una falla de la lengua), ni contravenir tampoco un precepto moral o religioso (pronunciando una blasfemia), ni decir algo cuyo significado no pueda ser culturalmente reconocido o aceptado (como habría sido el caso de la palabra del loco en la época clásica condenada al sinsentido y al silencio). Lo que hace a esta palabra transgresiva, dice Foucault, es reinscribir en *otro código* las palabras que funcionan en un código dominante determinado, un código *singular* que solo es válido y solo se refiere a esta palabra, y a ninguna otra, y a nada más. (30)

---

[56] La escritura o transcripción fonética se refiere a los sonidos (fonos) en su pronunciación (sitio y modo de articulación), describiéndolos a través de símbolos convencionales (Alfabeto Fonético Internacional) entre paréntesis cuadrados. La escritura o transcripción fonémica se refiere, por su parte, al fonema, o sea la unidad mínima, abstracta y diferenciadora de la lengua que sola o en conjunción con otras permite la atribución de un valor semántico, y se escribe entre barras oblicuas.

Tenemos aquí el valor político del acto de meter una lengua menor en la lengua mayor: los poemas no exponen, como correspondería en cierta perspectiva subalternista, un síntoma, un ruido puramente asignificante que los dispositivos de conocimiento han reducido a su inteligibilidad, sino una lengua que es a la vez diferente y similar a la lengua vehicular y referencial, que mantiene abierta la posibilidad de ser decodificada pero que sigue sus propias reglas, se rige por sus propias leyes. Una lengua menor, o dialecto, que en fuerza de su autonomía escarba en la dominancia de otra y logra establecerse no como alternativa (el destino último de muchos experimentos con lo menor o con la minoría), sino como interlocutor a la par.

Disparar discursos al aire

El segundo aspecto que puede describir la propuesta de Carreño, según las categorías teóricas introducidas anteriormente, es la distinción muy clara entre el momento enunciativo, protagonizado por la instancia escritural, y el momento locutivo, cuando resuena el habla de diferentes locutores. La discrepancia entre los dos momentos se evidencia en la medida en que el registro lingüístico difiere fuertemente entre uno y otro nivel. Algunos de los poemas dan cuenta en el título de la situación y del lugar en que se ha producido la escucha de un determinado discurso –"Monólogo en Villa El Alerce Norte, Puerto Montt" (56), "Poema escrito por más de cien jóvenes la noche del 11 de septiembre del 2005 en avenida Santo Tomás con La Serena, La Pintana" (19)–, o directamente el evento de su escritura –"Escribiendo en la fonda" (51)–: se trata de poemas que tienden a entregar la palabra en su totalidad al locutor marginal, reservando a la instancia escritural el papel de editar el contenido y la forma de la locución. Muchos otros poemas, sin embargo, llevan inscrita en su título una mirada específica, que complementa el tema del poema. En estos casos, sin pretender indicar un camino interpretativo, el título sirve como mecanismo que inclina la trayectoria del cuerpo lingüístico contenido en el poema. En otras palabras, la mirada y la

Margen, espejo. Poesía chilena y marginalidad social

escucha feroz de la instancia escritural se hacen presentes, aunque no dominantes, en el sesgo, en la modulación y en la inclinación con que los discursos son disparados hacia el lector.

Este asomarse discreto de la instancia escritural conlleva la ausencia de una actitud enjuiciadora, lo que ha sido descrito por la crítica, por ejemplo, como la "irresponsabilidad" que le confiere a la obra "su intensidad sin fraude" (Abrigo s/p). Ésta corresponde, a su vez, con la opción retórico-teórica de fondo del poemario, ya revisada: la voluntad de esquivar toda representación, toda atribución de verdad pre-establecida. En palabras de Manrique, "la 'verdad' deja de ser una propiedad de los enunciados en su referencia a aquello que enuncian, y se vuelve una modificación adverbial del modo de hablar, una modificación adverbial del *logos*" (31). La voluntad de verdad es así redirigida contra sí misma, para romper cualquier conexión osificada entre el sujeto y su supuesta verdad, la inscripción que lo describe, sea ésta incluso la misma definición de "marginal". Un ejemplo de tal relación título-texto es "Plei" (47), en que un joven se niega a reaccionar frente a su autodestrucción, mientras que afuera resuenan los sermones de los evangélicos, que se repiten hasta el cansancio como un CD en el estéreo. El "play" del título, que el lector visualiza mentalmente como el ícono del pulsador del estéreo, encuentra una correspondencia tanto en la monotonía del tono del predicador evangélico como en el acercamiento del joven a la inanición.

Relámpagos alucinados

Un tercer y último aspecto de la relación entre la instancia escritural y el mundo hacia el cual se tiende su "escucha feroz", su mirada "irresponsable", es la interesante alternancia entre el imponerse de la realidad, con todo su peso de burdo sinsentido y de inextinguible energía vital a la vez, y las líneas de fuga que de pronto se abren en el tejido del texto hacia delirios de inspiración casi surrealista, o real maravillosa. Por una parte, la circunstancia en la que se inscribe la actividad observante del sujeto enunciativo rebasa continuamente la posición de un objeto que se dejaría escudriñar quieta y pasivamente, para irrumpir a través de sensaciones, sonidos, temperaturas, voces. El poema "Mirando" escenifica la interrupción de las reflexiones pesimistas del locutor por parte de voces de la casa y de la feria, que justamente no se quedan como zumbido apaciguador en el fondo sino que se imponen con su protagonismo, como se puede ver en el siguiente fragmento:

> Se nos quedaron enchufados
> una vida a medias
> [...] – Queda arró en la olla –
> arrastrando el coche y una guagua por siacaso
> muriendo en cuotas mensuales
> sin la tele y en el vacío
> en un límite sin llanto
> – Que lo pase bien cacerita
> no, uno aquí no má, trabajando –
> – Si está tan mala la cosa oiga –
> – va a llevar pescada
> chorito
> almeja –
> no es una cuenta regresiva [...] (62)

También los aparatos y los objetos que se rompen o no funcionan introducen una fractura, una crisis, en la cadena de los pensamientos; son como detonadores que despiertan la atención sobre la realidad: se trata de teléfonos cortados, ventanas rotas, parafina que se ha terminado, columpios robados. La inamovilidad de acero de una existencia inconducente y sin perspectivas, tono predominante que queda continuamente ratificado por los remates que cierran los poemas –"y nada / eso nomás" (25), "como si fuera verdad / como si importara algo" (68), "y así se morían / no me acuerdo de nada más ahora" (76)–, es arrugada, en su superficie, por los pequeños pliegues provocados por estas epifanías del desgaste.

Otro movimiento que introduce una variación en el panorama desolador de la periferia es el desprenderse repentino de imágenes delirantes, como en las tablas de Geronimus Bosch. Un hoyo en el

Margen, espejo. Poesía chilena y marginalidad social

piso se transforma en una cueva, cuyas paredes están decoradas por misteriosas pinturas rupestres que retratan escenas contemporáneas –"encontré dibujos a tiza / del musculoso de los sacos de cemento / de gente que se encaramaba a los cerros / a pura pata o en citronetas / bajo un sol que era un laberinto rojo" (71); un cuadro nocturno de Puerto Montt pulsa y respira como un molusco, como un "dulce pus que revienta / arañando barro y cebollas / fritas, como pies de campo / solares que entran por los hocicos / regurgitando a la deriva / machas y leche por carbón" (55); una población desaparece inexplicablemente, resonando de los ecos macondinos en el tiempo de las plagas, con sus gesticulaciones absurdas ("[p]or esos días la gente andaba en la magia / aplaudiéndose la cabeza"), transformaciones milagrosas ("[v]imos los supermercados transformarse en perreras / y los carros de sopaipillas / en palomares") y un final de puro efecto: "[...] ni nos dimos cuenta / cuando de un sablazo / el cielo / nos rajó" (18). Si esta imaginación exuberante es casi la respuesta inmunitaria con que el sujeto de la enunciación reacciona a la superficie chata de una existencia dominada, en muchos casos, por un sentimiento de fatalismo y rendición, también es el anverso de la exposición sin compromisos de los discursos ajenos. En otras palabras, tanto en las inmersiones en lo que parece ser el inconsciente colectivo de la comunidad, como en el lanzamiento al aire de los discursos conscientes de los comuneros, la instancia escritural insiste en adelgazar hasta el extremo la membrana de su presencia. Porque, quizás, lo que realmente le apremie sea acceder a aquel único lugar en donde, cercado por su "escucha feroz", logra sobrevivir el puro y desnudo decir, vaciado de cualquier contenido que encadene a una identidad: "Hay que saltar al otro lado / abrazarte / y decir que hablamos de lo mismo" (73).

Conclusiones

En este libro hemos interrogado, en la perspectiva de la poesía, la marginalidad social, un fenómeno que radica en la aspereza de lo real y emerge a la percepción transitando por específicos cruces de enunciabilidad, o sea quedando modificado por los discursos que convergen alrededor suyo en la arena pública. Se trata de una situación ambivalente, en tanto habita la esfera cultural y social a la vez: a nosotros los lectores, nos reclama que nos pongamos a la escucha de las resonancias que surgen del contacto entre las obras literarias que la interpretan y su –nuestra– contemporaneidad, tanto discursiva como histórica.

Debido a que la mirada que se dirige al significante de la marginalidad revela más datos sobre la comunidad en su totalidad que sobre el sector específico de personas diferenciadas del resto mediante el nombre sintácticamente clasificatorio de "margen", el enfoque que hemos aplicado al fenómeno enunciativo manifiesta una especial insistencia en un marco unitario de fondo. En particular, emerge con fuerza la importancia de la instancia escritural: del umbral de su enunciación irradian los demás actos enunciativos, los cuales originan las varias voces que se dejan oír en el poema. En esta óptica, el objeto de la investigación crítica han sido las superficies retóricas con que el sujeto de la enunciación, estructurado en diversas capas y funciones, modula ficcionalmente el material que conforma el poema, transparentando una intuición profunda acerca de la situación en que se encuentra el sujeto colectivo, la comunidad social, en una circunstancia histórico-social específica.

A partir de estas consideraciones, hemos sido capaces de discernir la interrogación que las obras del corpus dirigen a su propia contemporaneidad. Para la década de los 80, hemos destacado cómo la poesía postula la marginalidad como una zona psicosomática de abyección en la cual el sujeto se sumerge en un extremo acto de resistencia y certificación de presencia frente al desastre, la dictadura. Retomando los rasgos de separación casi ontológica con respecto al resto del grupo social con que el primer intento de comprensión del fenómeno, el de las ciencias sociales en los 60, caracterizaba al sujeto marginal, la creación poética del período traza una relación de ajenidad entre el morador del margen y la situación de reglamentación y limpieza designada por los dictámenes autoritarios, justamente a través de la categoría de la abyección, o sea de lo que, por desestabilizador e infeccioso, tiene que ser empujado hacia los márgenes. Al mismo tiempo, sin embargo, la poesía acerca la marginalidad al meollo del sujeto social en la forma de una parte psíquica que lo habita, de un síntoma imposible de disimular: en definitiva, una zona oscura que no puede ser extirpada y se hace inquietante reflejo del descampado existencial en que se encuentra el ciudadano común. La marginalidad recoge, así, la posibilidad de pensar en una alternativa, una resistencia, una displicencia frente al poder, y las inserta en la intimidad de cada sujeto.

Si el margen es una posición desde la cual parece más fácil sustraerse de las riendas del control autoritario sobre las conciencias, el descentramiento de sus moradores no los salva del riesgo de quedar a merced del poder en tanto víctimas designadas. El interés de las dos obras seleccionadas, *Zonas de peligro* y *Lumpérica*, reside en el hecho de que, lejos de contentarse con postular una oposición maniqueística y vitalística del margen con respecto a la dictadura, investigan los pliegues ambiguos a través de los cuales el poder logra penetrar incluso en la voluntad de los seres sobrantes y no alineados con su proyecto, como los vagabundos y las prostitutas. La fantasmagoría del consumo despersonalizador (Eltit) o de la impostura de un reino dorado (Harris) es un ejemplo de ello. En nuestro análisis, hemos realzado dos vertientes posibles en la reacción frente a esta violencia directa y oblicua a la vez. Por una parte, está el camino de lo orgánico, que insiste en la línea de la abyección transformando los fluidos corporales en un lenguaje de contaminación, de evidencias imborrables en la cara blanqueada del régimen. Además, el personaje marginal es constantemente empujado a raspar una posibilidad de supervivencia en el fondo de su humanidad que queda expuesto

Margen, espejo. Poesía chilena y marginalidad social

bajo los embates de la violencia. Por otra parte, está el llamado a una responsabilidad individual y colectiva: la testificación en Harris —en tanto compromiso con la verdad— y la *performance* actoral en Eltit —en tanto ejercicio de la voluntad—. Lo que estas obras enseñan es que, incluso en las situaciones en que la humanidad del sujeto es puesta en duda y su capacidad de resistencia se estira hasta el punto de ruptura, es posible torcerle la mano al poder con una actitud que no sea totalmente pasiva e irracional. Por ejemplo, la vagabunda de *Lumpérica*, apoyándose en su orfandad más extremada, desencadena la reacción casi inmunitaria de sus funciones vitales básicas en los líquidos corporales, pero luego la transforma en la seducción de su enemigo y amante, el luminoso; al exponer la superficie insistentemente rapada de su cráneo transforma la obsesiva tortura de la luz y el desamparo de la intemperie en ejercicio de autodespojamiento, de forjadura de una fortaleza inquebrantable.

Ambas propuestas se caracterizan por postular una situación enunciativa en la que el sujeto marginal no habla directamente, sino que otros sujetos hablan acerca de él y contribuyen o asisten a una práctica de tortura contra su persona y a sus consecuencias mortíferas. Este rasgo es interpretable como un ejemplo de introyección de la violencia y del silenciamiento impuestos por el régimen. Ahora es la instancia escritural la que reproduce, sobre un personaje clasificado como marginal en el que es posible reconocer, a trasluz, a la colectividad de la ciudadanía, la opresión y el enmudecimiento que todos padecen. El lector es llamado a participar tanto en las sesiones de tortura de la mirada (Eltit) como en el acto de la testificación, casi jurídica, sobre lo que realmente ha ocurrido (Harris): de esta forma, es responsabilizado para que tome conciencia de las varias posiciones éticas posibles frente a la situación de opresión. En definitiva, en los 80 la marginalidad representa más una clave de lectura para reconocerse e interrogarse dentro de la situación autoritaria (una suerte de experiencia psíquica colectiva), que una reflexión sobre una dificultad económico-social por la que transita una clase específica de ciudadanos.

Por lo que atañe a la década de los 90, hemos leído las obras a partir del concepto y la práctica de la mirada: tanto desde una perspectiva antropo-poética (González Cangas) como desde un fisgoneo erotizado o simplemente curioso (Carrasco), el sujeto marginal es observado —y por ende representado— como un *otro* autónomo, que, en algunos casos, puede incluso frustrar la predisposición al diálogo del sujeto de la enunciación, instando a este último a comprenderlo en su ley, su independencia y su epistemología. No se trata de la otredad alejada exteriormente pero interiormente muy próxima de la abyección, sino de una otredad que la subjetividad del enunciante quiere conocer en la proximidad de una genuina paridad política, entendiendo con este término la interacción de los sujetos en el espacio de lo común. En el contexto de la transición, en el que los discursos y las promesas que se pronuncian acerca de los sujetos desfavorecidos o discriminados de la sociedad presentan cierta proporción de vacuidad y se vuelven nuevamente encasilladores, los poemarios intentan ofrecer un acercamiento depurado de precomprensiones a la persona y a la situación marginales. En otras palabras, en las obras poéticas de Carrasco y González Cangas se puede reconocer una interrogación acerca de quién es el ciudadano de la recién estrenada democracia. Para responder a esta pregunta, el foco es dirigido hacia los lugares menos obvios y periféricos, pero también hacia las situaciones borrosas de lo cotidiano, en las que se hace imposible trazar una distinción tajante entre sujetos o definir categorías sociales: el "*otro* marginal" es el vecino sin trabajo o el joven que transa droga en la esquina del barrio, tan marginal y tan *otro* como lo podría ser el sujeto mismo de la enunciación. La tensión cognoscitiva y perceptiva hacia la marginalidad se juega, por ende, más en la dimensión personal, de la relación entre individuos, que en la distancia de seguridad de una distinción sociológica.

Este planteamiento denota un interés por la posibilidad de un diálogo profundo con la persona marginal, capaz de moldear el aparato perceptivo-valorativo del sujeto de la enunciación, como

Margen, espejo. Poesía chilena y marginalidad social

lo propone por ejemplo la antropología poética. La voz de la instancia escritural se deja influenciar y penetrar por las voces de los supuestos marginales, por su visión del mundo, y a la vez las traduce y las manipula desde su propia perspectiva. Se genera así una compleja interacción entre posiciones enunciativas, que resulta, entre otras cosas, en originales efectos retóricos, como la estructura del poema con cita a pie de página (González Cangas) o la absorción de los discursos de los marginales en la dicción del locutor-poeta (Carrasco). Además, no hay una visión ideológica ya trazada que busque influenciar la experiencia del lector. La creación se inserta como proliferación a partir del imaginario colectivo o de la impresión individual, poniendo al destinatario de los versos en una actitud de responsabilidad y autonomía en la toma de conciencia del fenómeno. Es así como la violenta base material de discriminación y desigualdad a raíz de la marginalidad es expuesta sin mayor argumentación que el efecto sonoro o visual que la instancia escritural imprime en la materia textual, adquiriendo una visibilidad más perturbadora. En definitiva, la propuesta poética de los dos autores de los 90 se desmarca de la línea predominante en los discursos públicos del período, con su retórica festiva o apiadada sobre las minorías y la diversidad multicultural, para explorar el verdadero significado de las palabras "ciudadanía" y "democracia" y su capacidad de aplicarse a todos los sujetos nacionales.

A diferencia de la experiencia poética de los 90, que se mueve en el horizonte de la comunidad nacional, la dirección tomada por las nuevas sensibilidades poéticas de la primera década del 2000 apunta a un horizonte que podría definirse "post", con respecto al concepto de nación, en dos sentidos. Por una parte, las obras exploran los efectos de los mecanismos biopolíticos del capital supranacional según perspectivas que proceden de pertenencias particulares, de horizontes acotados a una comuna, a una calle concreta, a una perspectiva de género, sobre los cuales apuntar una mirada escudriñadora y desencantada. Por la otra, dan cuenta del fenómeno de la marginalidad en su dimensión de efecto del discurso, quizás de forma más aguda y lúcida que en las décadas anteriores. La instancia escritural no duda en aprovechar de las resonancias que ha ido adquiriendo el término "marginalidad" para, justamente, desvincularse de su adopción irreflexiva. Gladys González pone en tela de juicio el voyeurismo del lector sobre los sujetos con conducta irregular o económicamente desaventajados, mientras que Juan Carreño rompe la relación constrictiva y unívoca de los sujetos con una determinada identidad, como lo puede ser la calificación de "marginal". Estas construcciones retóricas nos ofrecen el retrato de unos sujetos contemplados en su relacionarse agenciado con el lenguaje y el imaginario, aunque su capacidad de rescate a nivel material parece todavía en evolución. La protagonista-locutora de los poemarios de Gladys González encarna la coincidencia entre el arte y una vida de excesos en las formas de una estetización de la rebeldía, que rechaza los dictámenes de la moral pública. Los locutores que toman la palabra en los versos de Carreño encuentran sus frases transformadas en un lenguaje que se rige por sus propias reglas y se relaciona autónoma y orgullosamente con el idioma oficial. Las cuestiones planteadas por los poetas del 2000, acotadas y globales a la vez, son una premisa fundamental para entender los fenómenos sociales recientes, como la "indignación" de la sociedad civil por el manejo de la *res publica* y del sistema-mundo, la cual se traduce en iniciativas de negociación más o menos frontales entre la sociedad civil y el poder. Estos poemarios describen, por lo tanto, una variación, todavía en elaboración, del concepto de ciudadanía, no solamente frente al Estado, sino también en el eje horizontal de las relaciones entre diferentes sectores de la sociedad.

Las conexiones aquí realzadas entre formulación poética y temas de candente actualidad como ciudadanía, equidad social y económica, adscripción identitaria sufrida pasivamente o creativamente reelaborada, demuestran cómo las problemáticas invocadas en las obras consideradas rebasan las fronteras de lo literario para volverse interrogaciones éticas, apuestas de vasto alcance en el territorio de lo político. Trabajada a partir de la

Margen, espejo. Poesía chilena y marginalidad social

poesía, la problemática de la marginalidad discute la organización de los regímenes de visibilidad y enunciabilidad. Y lo hace, como los poemarios seleccionados excelentemente demuestran, sin caer en la trampa de ofrecer una enésima versión menor, alternativa, contestataria —pero sin real capacidad de cambio— con respecto al *grand récit* nacional, al relato colectivo con el que la comunidad se justifica frente a sí misma. Por el contrario, el cuestionamiento fundamental que anima la reelaboración poética de la marginalidad en las décadas de referencia se dirige siempre al sujeto colectivo en su totalidad: el sujeto "marginal" nos mira, en realidad, desde el fondo de un espejo. La marginalidad, considerada bajo esta perspectiva, se niega a constituirse en categoría de orden ontológico funcional a una separación del cuerpo social en partes incomunicadas entre sí, y, gracias a la fluidez performativa que le confiere su participación en el orden del discurso, nos penetra, nos implica en lo íntimo. De aquí deriva la importancia de insistir, entre los varios umbrales enunciativos que moldean el poema, en el papel unificador de la instancia escritural: apropiarse de la responsabilidad de organizar estéticamente las voces, propias y de los *otros*, equivale a reconocer y nombrar el lazo ético profundo que las une en un destino común. Tal organización enunciativa del poema se refleja en el discurso que cada sujeto real pronuncia en la arena pública: éste es invitado a tomar conciencia, así como la instancia escritural, de las voces que confluyen, desde la otredad, en su propio discurso, y a modularlas creativamente a través del diálogo. No se tratará ni de un "hablar por" paternalístico, ni de un "dejar hablar" ingenuo, sino de un reto a "hablar con" la persona, asumiendo una actitud responsable, inteligente, creativa. Por otra parte, la evaluación del estatuto simbólico-discursivo que caracteriza la marginalidad permite reconocer que ésta no necesariamente debe reducirse a un lastre identitario, sino que los varios actores sociales pueden trabajar en un sentido de desidentificación con respecto a las adscripciones impuestas o heredadas para encontrarse, gracias a una subjetivación más libre y conscientemente modulada, en el terreno de paridad que es la "comunidad que viene" de cuño agambeniano. Son, éstas, constancias de una energía positiva que, alejándose de ciertas inspiraciones interpretativas más bien victimizadoras y paralizantes, animan una novedosa visión sobre el margen: lo manipulan, lo tensan, lo dilatan, y lo descubren apoderado, autónomo, asertivo, un centro capaz de dialogar con otros centros. Una percepción sobre y desde una realidad en transformación que la crítica, sin lugar a dudas, está llamada a tomar en cuenta.

Bibliografía

Textos primarios:

Carrasco, Germán. *La insidia del sol sobre las cosas*. 1998. Santiago: JC Saez, 2003.
_____ *Calas*. 2001. Santiago: JC Sáez, 2003.
Carreño, Juan. *Compro fierro*. 2007. Santiago: Balmaceda Arte Joven, 2010.
Eltit, Diamela. *Lumpérica*. 1983. Santiago: Planeta, 1998.
González, Gladys. *Gran Avenida*. Santiago: La Calabaza del Diablo, 2004.
_____ *Aire quemado*. Santiago: La Calabaza del Diablo, 2009.
González Cangas, Yanko. *Metales pesados*. Valdivia: El Kultrún, 1998.
Harris, Thomás. *Zonas de peligro*. 1985. *Cipango*. Santiago: Fondo de Cultura Económica, 1996.

Textos de teoría y crítica:

Abrigo, Gonzalo. "Intensidad sin fraude". *Extremoccidente* 2 (2011). <http://letras.s5.com/ga011111.html>. 13 nov. 2012.
Agamben, Giorgio. *El lenguaje y la muerte: un seminario sobre el lugar de la negatividad*. 1982. Valencia: Pre-textos, 2003.
_____ *La comunidad que viene*. 1990. Valencia: Pre-Textos, 2003.
_____ *Homo sacer*. Valencia: Pre-Textos, 2003.
_____ *Homo sacer. Il potere sovrano e la nida vita*. 1995. Torino: Einaudi, 2005.
_____ *Estado de excepción. Homo sacer II, I*. 2003. Buenos Aires: Adriana Hidalgo Editora, 2007.
Aguirre, Lina Ximena. "Entrevista a Juan Carreño. Etnopoesía desde La Pintana. Individualismo, aislamiento y encuentros

contingentes". *Letras.s5.com* (2011). <http://letras.s5.com/jc230911.html>. 03 oct. 2012.

Álamo, Juan. "Voces del vecindario". *Paniko.cl.* (2012). <http://www.paniko.cl/2012/06/voces-del-vecindario/>. 03 oct. 2012.

Alberca, Manuel. "Finjo ergo Bremen. La autoficción española día a día". *La auto(r)ficción en la literatura española y latinoamericana.* Vera Toro, comp. Madrid: Iberoamericana-Vervuert, 2010. 31-49.

Alighieri, Dante. *La Divina Commedia.* Madrid: EDAF, 2007.

Amor Illanes, Isabel. "Metales Pesados". *El siglo* (4 dic. 1998): 15.

Artaud, Antonin. *El teatro y su doble.* 1964. Buenos Aires: Retórica ediciones, 2002.

Arthur, Jacinta, Pia Gutiérrez y otros. "Nueva territorialización en 'Paraíso' de Gladys González". *letras.s5.com* (2006). <http://www.letras.s5.com/gg230806.htm>. 05 oct. 2012.

Aumont, Jacques y otros. *Estética del cine: espacio fílmico, montaje, narración, lenguaje.* 1994. Buenos Aires: Paidós, 2011.

Barrales, Luis. "Hans Pozo. El marginal que llevamos adentro". *Apuntes* 130 (2008): 54-62.

Barthes, Roland. *El placer del texto.* 1973. México: Siglo XXI, 1996.

_____ *La cámara lúcida. Nota sobre la fotografía.* 1980. Barcelona: Paidós, 1990.

Bataille, Georges. *El erotismo.* 1957. Barcelona: Tusquets, 1997.

Bauman, Zygmunt. *Ética posmoderna.* 1993. Buenos Aires: Siglo XXI, 2004.

Bello, Javier. "Los náufragos". *uchile.cl* (1998). <http://www.uchile.cl/cultura/poetasjovenes/framenaufragos.htm>. 27 sept. 2012.

Benveniste, Émile. *Problemas de lingüística general.* 1966. México: Siglo XXI, 1971-77.

Berenguer, Carmen. *Naciste pintada.* Santiago: Cuarto Propio, 1999.

Berman, Marshall. *Todo lo sólido se desvanece en el aire. La experiencia de la modernidad.* 1982. México: Siglo XXI, 2006.

Beverley, John. "Estudios Culturales y vocación política". *Revista de Crítica Cultural* 12 (1996): 46-53.

_____ *Subalternidad y representación. Debates en teoría cultural.* 1999. Madrid: Iberoamericana/Vervuert, 2004.

Margen, espejo. Poesía chilena y marginalidad social

Blanco, Fernando. *Desmemoria y perversión: privatizar lo público, mediatizar lo íntimo, administrar lo privado*. Santiago: Cuarto Propio, 2010.
Bolle, Willi. *Fisiognomia da metrópole moderna. Representação da história en Walter Benjamin*. São Paulo: Fapesp, 2000.
Brito, Eugenia. *Campos minados (Literatura post-golpe en Chile)*. 1990. Santiago: Cuarto Propio, 1994.
_____ "Vidrio Molido, de Gladys González". *letras.s5.com* (2011). <http://www.letras.s5.com/ggo271211.html>. 12 nov. 2012.
Butler, Judith. *Cuerpos que importan. Sobre los límites materiales y discursivos del "sexo"*. 1993. Buenos Aires: Paidós, 2002.
"Calas". *El sur* (27 abril 2003): 6.
Cárcamo-Huechante, Luis. *Tramas del mercado: imaginación económica, cultura pública y literatura en el Chile de fines del siglo veinte*. Santiago: Cuarto Propio, 2010.
Carreño Bolívar, Rubí. *Leche amarga: violencia y erotismo en la narrativa chilena del siglo XX (Bombal, Brunet, Donoso, Eltit)*. Santiago: Cuarto Propio, 2007.
Castro-Klarén, Sara. "Escritura y cuerpo en Lumpérica". *Una poética de literatura menor: la narrativa de Diamela Eltit*. Juan Carlos Lértora, comp. Santiago: Cuarto Propio, 1993. 97-110.
Cella, Susana. "Contemporaneidad lírica: Espíritus de época y de épocas". <http://www.letras.s5.com/el030609.html>. 6 abril 2015.
Del Río, Ana María. "Literatura chilena: generación de los ochenta. Detonantes y rasgos generacionales". *Literatura chilena hoy. La difícil transición*. Karl Kohut y José Morales Saravia, eds. Madrid/Frankfurt: Iberoamericana/Vervuert, 2002. 205-21.
Deleuze, Gilles. *La imagen-tiempo*. 1975. Barcelona: Paidós, 1987.
_____ "La inmanencia: una vida…". *Ensayos sobre biopolítica: excesos de vida*. 1995. Gabriel Giorgi y Fermín Rodríguez, eds. Buenos Aires: Paidós, 2007.
Deleuze, Gilles y Félix Guattari. *Kafka. Para una literatura menor*. 1975. Madrid: Nacional, 2002.
Edwards Renard, Javier. "Diamela Eltit o el infarto del texto". *Diamela Eltit: redes locales, redes globales*. Rubí Carreño, ed. Santiago:

Iberoamericana/ Vervuert/Pontificia Universidad Católica de Chile, 2009. 165-72.

Eltit, Diamela. *Emergencias. Escritos sobre literatura, arte y política.* Santiago: Planeta, 2000.

_____ "Zonas de dolor". *Revista de Crítica Cultural* 29/30 (2004): 47.

Epps, Brad. "El peso de la lengua y el fetiche de la fluidez". *Revista de Crítica Cultural* 25 (2002): 65-70.

Espinosa, Patricia. "Panorama de la poesía chilena de mujeres (1980-2006)". *letras.s5.com* (2006). <http://www.letras.s5.com/pe151006.htm>. 12 marzo 2011.

Figueroa, Alexis. *Vírgenes del sol Inn Cabaret.* Concepción: Librería del Sur, 1986.

Foerster, Rolf. *El cuerpo utópico: las heterotopías.* 1984. Buenos Aires: Nueva Visión, 2010.

Foucault, Michel. *La vida de los hombres infames.* 1977. La Plata: Altamira, 1996.

_____ "¿Movimiento étnico o movimiento etnonacional mapuche?". *Revista de Crítica Cultural* 18 (1999): 51-57.

_____ *Nascita della biopolitica. Corso al Collège de France (1978-1979).* 2004. Milano: Feltrinelli, 2005.

_____ *Nacimiento de la Biopolítica. Cursos en el Collège de France (1978-1979).* México: Fondo de Cultura Económica, 2007.

_____ *Utopie eterotopie.* 2004. Napoli: Cronopio, 2008.

Foxley, Ana María y Eugenio Tironi, eds. *1990-1994. La cultura chilena en transición.* Santiago: Secretaría Comunicación y Cultura del Ministerio de Educación-Secretaría General de Gobierno, 1994.

Frisby, David. *Paisajes de la modernidad: exploraciones críticas.* 2001. Buenos Aires: Universidad Nacional de Quilmes, 2007.

Galindo, Óscar. "Las poéticas (neo)barrocas de Diego Maqueira y Tomás Harris". *Alpha* 31 (2010): 195-214.

García, Javier. "Germán Carrasco, poeta: Hay mucho nerd chiflado". *La Nación.* 18 mayo 2010. <http://www.lanacion.cl/german-carrasco-poeta-hay-mucho-nerd-chiflado-/noticias/2010-04-17/163646.html>. 20 ago. 2012.

Margen, espejo. Poesía chilena y marginalidad social

Garretón, Manuel Antonio. *Del postpinochetismo a la sociedad democrática. Globalización y política en el Bicentenario*. Santiago: Debate, 2007.
_____ *Incomplete Democracy. Political Democratisation in Chile and Latin America*. Chapel Hill: U of North Carolina P, 2003.
Germani, Gino. *El concepto de marginalidad. Significado, raíces históricas y cuestiones teóricas, con particular referencia a la marginalidad urbana*. Tucumán: Nueva visión, 1980.
Gómez Olivares, Cristián. "Gran Avenida, de Gladys González". *plagio.cl* (2004). <http://www.letras.s5.com/gg290805.htm>. 12 oct. 2012.
Gómez, Sergio. "Nuestros escasos letreros luminosos. Zonas de peligro". *El Sur* (1 dic. 1985): 5.
González, Gladys. "Presentación del libro *Termitas* de Priscilla Cajales". *letras.s5.com* (2009). <http://letras.s5.com/gg061209.html>. 05 oct. 2012.
González Barnet, Ernesto. "Gladys González: entrevista". *letras.s5.com* (2007). <http://www.letras.s5.com/gg050407.htm>. 12 oct. 2012.
González Cangas, Yanko. "Nuevas prácticas etnográficas: el surgimiento de la antropología poética". *Actas del II Encuentro de Antropolgía Chilena* (1996). <http://argentina.indymedia.org/uploads/2008/08/gonzalez1.pdf>. 11 septiembre 2012.
González Cangas, Yanko y Equipo Revista Matadero. "¿Qué ves cuando me ves? Entrevista a Yanko González". *Matadero* 1 (2000). <http://www.letras.s5.com/yg211105.htm>. 13 oct. 2011.
Grotowski, Jerzi. *Towards a Poor Theatre*. 1968. London: Methuen, 1981.
Harris, Thomás. "Concepción: ciudad y ¿mito?". *Mapocho. Revista de Humanidades* 55 (2004): 37-43.
_____ "El ¿poder? de la palabra versus el poder de la memoria (en la provincia de la Concepción de Chile)". *Mapocho. Revista de Humanidades* 66 (2009): 357-75.
Klein, Eva. "La (auto)representación en ruinas: Lumpérica, de Diamela Eltit". *Casa de las Américas* 230 (2003): 130-35.

Kristeva, Julia. *Poderes de la perversión. Ensayo sobre Louis-Ferdinand Céline*. 1980. Buenos Aires: Siglo XXI, 1998.

Jones, Amelia. "Tracing the Subject with Cindy Sherman." *Cindy Sherman. Retrospective*. New York: Thames & Hudson, 2000. 19-53.

Jorquera Álvarez, Carlos. "*Cipango* de Thomás Harris". *Las Últimas Noticias* 12 nov. 1992: 31.

Lemebel, Pedro. *De perlas y cicatrices. Crónicas radiales*. Santiago: Lom, 1998.

Lehman, Hans-Thies. *Posdramadic Theatre*. 1999. London: Routledge, 2010.

Lértora, Juan Carlos. "Diamela Eltit: Hacia una poética de literatura menor". *Una poética de literatura menor: la narrativa de Diamela Eltit*. Juan Carlos Lértora, comp. Santiago: Cuarto Propio, 1993. 27-35.

Lihn, Enrique. *El Paseo Ahumada*. Santiago: Minga, 1983.

Lotman, Jurji. *Semiótica de la cultura*. México: Cátedra, 1979.

Maffesoli, Michel. *El tiempo de las tribus. El ocaso del individualismo en las sociedades posmodernas*. 1988. México: Siglo XXI, 2004.

Mansilla Torres, Sergio. "¿Para qué poesía en tiempos de desigualdad? Imaginación, memoria y política de la escritura en el contexto de la 'cultura de mercado' en el Chile del Bicentenario". *Chile mira a sus poetas*. Paula Miranda Herrera y Carmen Luz Fuentes-Vásquez, eds. Santiago: Pfeiffer, 2011. 86-96.

Manrique, Carlos. "La palabra transgresiva y la otra vida: de la literatura al gesto cínico (entre Foucault y Raúl Gómez Jattin)". *Revista de Estudios Sociales* 43 (2010): 23-35.

Marchant, Reinaldo. "Germán Carrasco: una poesía fascinante". *Cuadernos de la Fundación Pablo Neruda* 37 (2005): 70-73.

Masiello, Francine. *El arte de la transición*. Buenos Aires: Vitral, 2001.

Mignolo, Walter. *Una idea de América Latina: la herida colonial y la opción descolonial*. Barcelona: Gedisa, 2007.

Miranda, Paula. "Mutaciones en la poesía chilena del 2000: imágenes desencantadas y reencantadas". *Chile mira a sus poetas*. Paula Miranda Herrera y Carmen Luz Fuentes-Vásquez, eds. Santiago: Pfeiffer, 2011. 104-10.

Molloy, Silvia. "La política de la pose". *Las culturas de fin de siglo en América Latina*. Josefina Ludmer, comp. Rosario: Beatriz Viterbo, 1994. 128-38.

Montealegre, Jorge. "Generación N.N.: después de todo y nada". *La Época – Literatura y Libros* (18 feb. 1990): 3-4.

Morales, Leonidas. *Conversaciones con Diamela Eltit*. Santiago: Cuarto Propio, 1998.

Muñoz, Gonzalo. *La estrella negra*. Santiago: Zegers, 1985.

Neira, Hernán. "Anestética de Metales Pesados, de Yanko González Cangas". *Estudios filológicos* 35 (2000): 207-21.

Olea, Raquel. "Contrapuntos narrativos. Lenguaje verbal e imagen visual en *Lumpérica* de Diamela Eltit". *Taller de Letras* 33 (2008): 175-87.

Opazo, Cristián. *Pedagogías letales. Ensayo sobre dramaturgias chilenas del nuevo milenio*. Santiago: Cuarto Propio, 2011.

Parker Gumucio, Cristián. "Pandillas juveniles: una consecuencia de la marginación". *Mensaje* 57 (2008): 32-34.

Perlongher, Néstor. "Los devenires minoritarios". *Revista de Crítica Cultural* 4 (1991): 13-18.

Pinedo, Javier. "Una metáfora de país: la discusión en torno a la presencia de Chile en el pabellón Sevilla 1992". *Ensayismo y modernidad en América Latina*. Carlos Ossandon, comp. Santiago: Arcis-Lom, 1996. 87-113.

Piña, Juan Andrés. *Conversaciones con la narrativa chilena*. Santiago: Los Andes, 1991.

"Poesía del sol". *El Mercurio* (18 junio 1998): C-11.

Prakash, Gyan. "La imposibilidad de la historia subalterna". *Convergencia de tiempos: estudios subalternos/contextos latinoamericanos estado, cultura, subalternidad*. Ileana Rodríguez, comp. Amsterdam: Rodopi, 2001. 61-70.

Quilodrán, Fernando. "*Cipango*. Poesía de Tomás Harris". *El Siglo* (10 junio 1993): 15.

Quintana, Laura. "Singularización política (Arendt) o subjetivación ética (Foucault): dos formas de interrupción frente a la administración de la vida". *Revista de Estudios Sociales* 43 (2012): 50-62.

Redolés, Mauricio. "Un libro de fierro". *El Ciudadano* 88 (2010). <http://www.elciudadano.cl/2010/10/22/un-libro-de-fierro/>. 25 junio 2012.

Reguillo-Cruz, Rossana. "¿Guerreros o ciudadano? Violencia(s). Una cartografía de las relaciones urbanas". *Espacio urbano, comunicación y violencia en América Latina*. Mabel Moraña, ed. Pittsburgh: Instituto Internacional de Literatura Iberoamericana, 2002. 51-67.

Richard, Nelly. *La estratificación de los márgenes*. Santiago: Zegers, 1989.

_____ *La insubordinación de los signos (Cambio político, transformaciones culturales y poéticas de la crisis)*. Santiago: Cuarto Propio, 2000.

_____ "Las estéticas populares: Geometrías y misterio de barrio". *Revista de crítica cultural* 24 (2002): 26-35.

_____ *Márgenes e instituciones: arte en Chile desde 1973*. 1987. Santiago: Metales Pesados, 2007.

_____ *Residuos y metáforas. Ensayos de crítica cultural sobre el Chile de la Transición*. Santiago: Cuarto Propio, 2001.

_____ "Tres funciones de la escritura: Deconstrucción, Simulación, Hibridación". *Una poética de literatura menor: la narrativa de Diamela Eltit*. Juan Carlos Lértora, comp. Santiago: Cuarto Propio, 1993. 37-52.

Rodríguez, Malú. "Pedro Lemebel: 'La chapa de transgresor es un arma a doble filo, me preocupa que mi trabajo se transforme en un producto consumible'". *El divisadero* (21 sept. 2002): 8.

Rojo, Grínor. "La poesía inteligente de Germán Carrasco". *Mapocho. Revista de Humanidades* 50 (2001): 75-83.

_____ "Tomás Harris o de la fiebre del oro en Orompello". *Cipango*. Tomás Harris. Santiago: Fundo de Cultura Económica, 1996. 11-21.

Sabatini, Francisco. "La dimensión ambiental de la pobreza urbana en las teorías latinoamericanas de marginalidad". *Eure* 23 (1981): 53-67.

Margen, espejo. Poesía chilena y marginalidad social

Said, Edward. *El mundo, el texto y el crítico*. 1983. Barcelona: Mondadori, 2004.
Sarduy, Severo. *El barroco y neobarroco*. 1972. Buenos Aires: Cuadernos de plata, 2011.
Sarlo, Beatriz. "Violencia en las ciudades. Una reflexión sobre el caso argentino". *Espacio urbano, comunicación y violencia en América Latina*. Mabel Moraña, ed. Pittsburgh: Instituto Internacional de Literatura Iberoamericana, 2002. 205-14.
Schoentjes, Pierre. *La poética de la ironía*. Madrid: Cátedra, 2003.
Sepúlveda, Magda. *Ciudad quiltra. Poesía chilena (1973-2013)*. Santiago: Cuarto Propio, 2013.
_____ "La construcción de identidades, sus imaginarios y su posición en la literatura". *Taller de Letras* 32 (2003): 67-78.
_____ "Memorias del 2000: entre la poesía y la música pop". *Taller de Letras* 49 (2011): 193-203.
_____ "Metáfora de la higiene y la iluminación en la ciudad poetizada bajo el Chile autoritario". *Acta Literaria* 37 (2008): 67-80.
Sontag, Susan. *Sobre la fotografía*. 1977. Buenos Aires: Alfaguara, 1996.
Spivak, Gayatri Chakravorty. "Can the Subaltern speak?" *Marxism and the Interpretation of Culture*. 1983. C. Nelsony and L. Grossberg eds. Basingstoke: MacMillian Education, 1988. 271-313.
Subercaseaux, Bernardo. *Historia del libro en Chile: desde la colonia hasta el bicentenario*. Santiago: Lom, 2010.
Thayer, Willy. *El fragmento repetido. Escritos en estado de excepción*. Santiago: Metales Pesados, 2006.
Toro, Vera y otros. *La obsesión del yo. La auto(r)ficción en la literatura española y latinoamericana*. Madrid: Iberoamericana-Vervuert, 2010.
_____ "La auto(r)ficción: modelizaciones, problemas, estado de la investigación". *La obsesión del yo. La auto(r)ficción en la literatura española y latinoamericana*. Vera Toro, comp. Madrid: Iberoamericana-Vervuert, 2010. 7-29.
TVN. "En los Zapatos de un Travesti". *Fruto Prohibido* (2011).

Uribe Echeverría, Catalina. "El culto a lo feo y el Invunchismo en Chile según Joaquín Edwards Bello". *Revista chilena de literatura* 75 (2009): 233-58.

Vanderschueren, Franz. "Jóvenes pandilleros: la necesidad de una prevención focalizada". *Mensaje* 57 (2008): 35-38.

Vekemans, Roger. *La marginalidad en América Latina: un ensayo de conceptualización*. Santiago: DESAL/Cidu, 1969.

Yúdice, George. "Posmodernidad y capitalismo transnacional en América Latina". *Cultura y pospolítica: El debate sobre la modernidad en América Latina*. Néstor García Canclini, comp. México DF: Consejo Nacional para la Cultura y las Artes, 1995. 63-94.

Wacquant, Loïc. *Los condenados de la ciudad: guetos, periferias y estado*. 2006. Buenos Aires: Siglo XXI, 2007.

Zambra, Alejandro. "Calar calas". *Calas*. Germán Carrasco. Santiago: J. C. Sáez, 2003. 135-40.

Zeran, Faride. "Diamela Eltit, escritora: defensa de los mundos excluidos". *La Época* (18 dic. 1994): 14-15.

Agradecimientos

Quisiera agradecer a todos los amigos y colegas que, con su apoyo y amistad, han influido en la realización de este libro y, mucho más importante, han compartido conmigo las muchas alegrías de estos últimos años.

Entre todos ellos, gracias a Magda Sepúlveda, por su generosidad y ejemplo.

Un agradecimiento especial a los poetas y amigos Thomás Harris, Germán Carrasco y Juan Carreño.

En la dimensión más personal, quisiera agradecer a mi familia y a Valerio por acompañarme en la fase de escritura.

Y un gracias redondo y alegre a Alexis por el ahora.

www.ingramcontent.com/pod-product-compliance
Lightning Source LLC
Chambersburg PA
CBHW071410300426
44114CB00016B/2254